Racial Harassment

レイシャル
ハラスメント
Q&A

金明秀
Kim Myungsoo

職場、学校での
人種・民族的嫌がらせを防止する

解放出版社

はじめに

▶ 日本にあって諸外国にないもの

　諸外国では差別的だからという理由で公共の場からとうに消えてなくなってしまったのに、日本ではその差別性を批判されることなく、生きた化石のように温存されているものがいくつかあります。

　たとえば、「外国人お断り」のような張り紙はその一つです。私企業であろうとこういう振る舞いは人種隔離にあたるということで、世界の多くの国々が1970年代くらいまでに違法と定めた差別なのですが、日本にはこれを禁じる国内法がなく、店主には差別だという認識すらない場合も少なくありません。実際に外国人客が入店した後で外国人だからとサービスを拒否すればさすがに日本でも不法行為となりますが、門前にこういう張り紙を掲示したり、外国人客一般を受け入れないこと自体は、日本で法に問われることはありません。

　あるいは、黒人のまねをする黒塗りメイク（英語でblackfaceといいます）もそうです。19世紀から20世紀初頭にかけての米国で、白人が黒人に扮して黒人の振る舞いを愚かで無知なものとして小ばかにするコメディが大流行し、そこでうみだされた黒人を笑いものにする文化は漫画やアニメにまで広がっていきました。1950年代に入ると人種差別に対する反省の気運が高まるとともに表舞台から消え、現在では世界中の多くの地域で黒塗りメイクそのものが差別と偏見の象徴となっています。しかしながら日本では、1980年代なかばにコメディアンが全身黒塗りの「原住民」に扮して無知で愛らしいキャラクター

を演じて人気を博しました。その後、某番組でアフリカ出身者たちから人種差別だと猛抗議を受けたにもかかわらず、2009年には同キャラクターのDVDを発売し、現在でも自身の公式サイトのキャラクターとしています。

▶ 諸外国にあって日本にないもの

　逆に、海外の国々で差別を防止するためという理由で誕生したのに、日本ではいつまでたっても生まれなかったものもあります。
　多文化主義はその一つです。異なる文化集団がそれぞれ対等に価値を承認しあい、自分たちの生き方を自分たちで決定できるようにするべきだという考え方や制度のことです。1960年代なかばから70年代にかけて、世界中でさまざまなマイノリティが抑圧的な社会に対して異議申し立てを始めたのですが（こういう運動をアイデンティティ・ポリティクスとよびます）、それらの運動の価値を認めて共存する道を模索しないかぎり社会が壊れてしまうという認識から、多くの国が多かれ少なかれ多文化主義をとりいれました。しかし日本では、同じ時期にアイデンティティ・ポリティクスは生じたにもかかわらず、それに呼応して多文化主義の重要性を認めようという声は現在にいたるまで起こっていません。
　差別を禁止するための法制度もそうです。人種差別撤廃条約（1969年発効）を契機として、世界中で差別を禁止するための法律と制度が整えられていきました。しかし、日本が人種差別撤廃条約に加入したのはやっと1995年のことであり、しかも条約を履行するために必要な法整備はまだ行っていません。
　そして、レイシャルハラスメントという概念についても同じことがいえます。レイシャルハラスメントとは、人種、皮膚の色、祖先、出身地、民族的出自、民族文化、宗教的信条、国籍などの人種・民族的

要素に基づくハラスメントです。差別を禁じる法律を根拠に、世界の多くの国々でレイシャルハラスメントに賠償命令を科す判例が積み重ねられ、学校や企業で防止規定が整備されてきたのに対して、日本ではまだレイシャルハラスメントという言葉があるということすらほとんど知られていません。

これらすべてが、本書のテーマと関わっています。つまり、いずれもレイシャルハラスメントの要因になる（にもかかわらず、その問題性が日本ではなかなか認知されていない）ものだということです。

以上のことは、日本だけでなく北東アジア全域に多かれ少なかれ共通する特徴ですが、こと人権問題に関しては他の北東アジア諸国が日本を先進的な国だとみなしてきたことを考えると、世界からとりのこされたようなこの現状にはたいへん寂しいものがあるといわざるをえません。

▶ 本書の目的

本書の目的は、日本ではまだ耳慣れないこのレイシャルハラスメントという言葉について、基本的な知識と考え方を提供することにあります。

といっても、日本にはレイシャルハラスメントという言葉がなかっただけで、レイシャルハラスメントとよぶべき被害実態はもうずっと昔からありました。しかし、人は言葉（概念）があってはじめて、物事を包括的に理解できるようになるという特徴をもっています。逆にいえば、適切な言葉を与えられるまでは、世の始めからそこにあったような物事でも、その存在をうまく認識することはむずかしいわけです。

セクシュアルハラスメントがいい例でしょう。1989年に日本で初めて裁判が提起されたことでこの言葉は広く知られるようになり、同年の新語・流行語大賞で金賞を受賞しましたが、それまではセクシュ

アルハラスメントの実態があっても人々はその問題性や違法性をうまく認識できず、被害者本人でさえ被害を受けていると自覚できないことがめずらしくはありませんでした。

被害にあっている人々は、いま感じている苦痛は自分一人だけのものではなく、社会的な構造がうみだす普遍的な現象の一部なのだと自覚することによって、問題に立ち向かう勇気を得ることができます。そのためには、その苦痛の源泉を指し示す言葉が必要となるわけです。

レイシャルハラスメントという概念は、世界中で、人種差別の被害にあっている人々が、問題を自覚し、それと闘うためにつくりあげてきたものです。日本において被害にあっている人々も、この言葉を知り、そうしたプロセスに参加することで、一人だけで悩みをかかえることなく、多くの先達から力を与えられるようになるはずです。また、被害者を支える人たちにとっても、誰とどのように協同しながら、何と立ち向かう必要があるのかを知る重要な道しるべとなるでしょう。

▶ 本書の執筆方針

本書には三つの執筆方針があります。第一に、法律学（だけ）ではなく社会学的な視座を重視するということです。というのも、私が社会学者だということもありますが、レイシャルハラスメントについては日本において法が未整備で判例も乏しいため、まだ法律以前の段階で論じるべきことが少なくないからです。

ちなみに、ハラスメントという概念が発達した米国でも、とりわけ初期の段階では、法学者とともに、言語学者、哲学者、社会学者、心理学者、経営学者、そして多くのフェミニスト活動家らが大きな役割を果たしています。

第二に、本書の目的からいって当然のことですが、アカデミックな議論よりも一般啓発を重視するということです。

　学術的な専門用語は、レイシャルハラスメントについて理解を深めるためにどうしても欠かすことのできないものに絞り、いずれも簡単な解説を付けるか、解説抜きでも文脈から理解できるように工夫しています。また、純粋にアカデミックな理論は可能なかぎり紹介を省いています。

　そのため、本書は、より包括的、あるいはより高次の理解に到達するための素材としては期待に添えない面があるかもしれません。しかし、いま現実に起こっているアクチュアルな出来事の意味をより的確に把握するためのツールを厳選して提供するように努めたつもりです。

　第三に、できるだけ実践的な場面で活用できるように、現実の被害（あるいは加害）や支援の事例を重視するということです。

　その結果、なかには、むきだしの差別表現をそのまま紹介している箇所もあります。被害当事者にとって、読むことに苦痛を覚えるようなものもあるでしょう。しかし、ハラスメントと闘うための出発点は、被害をなかったことにはしないということです。具体的な被害に学び、個々の被害の背景にある問題を洞察することなしには、実効性のある議論を積みあげていくことはできません。

　米国でセクシュアルハラスメントに比べてレイシャルハラスメントの研究（とくに実証研究）が出遅れた理由は、レイシャルハラスメントの被害の様式があまりにも多様だからでした。セクシュアルハラスメントが「対価型」と「環境型」に大別されるわかりやすさを備えているのに対して、レイシャルハラスメントはQ13（78ページ）の分類でいえば8通りもあります。それでも、長期にわたって被害事例を蓄積することでさまざまな実践的知見が得られていますし、またそうすることでしかレイシャルハラスメントの本質を見極めることはできな

かっただろうと思います。

　本書で紹介する事例群を通じて、レイシャルハラスメントが抽象的に構成された概念ではなく、現実に起こった出来事の総称であるということを理解し、実際の被害を救済、抑止していく実践的な活動の手がかりにしていただければと願っています。

▶ 用語の解説

　学術的な専門用語はできるだけ使わないようにしたと書いたすぐ後で恐縮ですが、本書に何度も登場する重要な語句の使い方について解説しておきます。

（1）マジョリティ／マイノリティ

　マジョリティとはある社会において一般的とされる人々、マイノリティは従属的な位置におかれがちな人々のことを指します。マジョリティは major（より多い）、マイノリティは minor（より少ない）の名詞形ですが、なにが多かったり少なかったりするかといえば、人数ではなく、行使できる権力の量です。

　たとえば、アパルトヘイト政策をとっていた時代の南アフリカ共和国では、黒人は白人に対して従属的な地位を強いられていたため、人口の9割を占めていてもマイノリティということになります。また、女性は男性とほぼ同じ人口ではありますが、社会のなかで差別や抑圧を受ける機会が構造的に多いため、やはりマイノリティの一種です。いずれも、人数が少ないわけではなく、もてる権力が少ないため、マイノリティに位置づけられる集団です。

　したがって、マジョリティ／マイノリティは、一般に多数派／少数派と訳されますが、より正確にはむしろ支配的集団／従属的集団という意味だと理解したほうがいいでしょう。

　とはいえ、支配的集団／従属的集団という訳語を使用することにも

注意が必要です。というのも、マジョリティ／マイノリティの区分は絶対的なものではなく、行使できる権力の種類によって関係が逆転したりすることもあるのですが、「従属的集団」といってしまうとあらゆる次元で従属的な位置におかれているように感じられてしまうためです。

　たとえば、在日コリアン三世である私は、レイシャルな区分では日本においてマイノリティに位置しますが、それ以外の側面については、身体頑健な男性で、異性の配偶者をもち、自由に日本語を話し、高学歴で社会的評価の高い職業に就いているなど、おおかたこの社会のマジョリティに位置します。したがって、私はレイシャルハラスメントについては被害者になるリスクが高いのに対して、その他のハラスメントでは加害を行うリスクが高いということになります。

　このように、マジョリティ／マイノリティの区分が文脈によって変化するということをつねに意識していないと、マジョリティとされる人がハラスメントを受けるようなケースや、社会的地位が高いマイノリティがハラスメントを受けるようなケースを見過ごすことになりかねません。

(2) 加害者／被害者

　ハラスメントを行った者とハラスメントをされた者をどうよぶかは、いささか悩ましい問題です。

　英語では前者を harasser（ハラッサー）、後者を victim（ビクティム）とすることが多いですが、一般的な日本語では前者を加害者、後者を被害者とよぶのが自然だと思われます。しかし、ハラスメント問題は法的な側面から議論されることが多く、そして法的には加害者と被害者にそれぞれ一般的な日本語とはやや異なる定義が与えられています。もし加害者／被害者という言葉を使えば、一般的な用法なのか法的な用法なのかわかりにくくなってしまうという問題があります。

厚生労働省が発行しているセクシュアルハラスメント対策のパンフレットでは、ハラスメント行為者／ハラスメントの対象となる労働者、という言葉遣いをしています。苦労のあとがしのばれますが、啓発用のパンフレットということを考えるとややわかりにくい面は否めません。しかも、すでにハラスメントを受けてしまった者をハラスメントの対象となる労働者とよぶのは適切だとはいえません。

　本書では、上述したように啓発を目的として専門用語の使用を抑制するという方針をとっていますので、あえて加害者／被害者という表現を用いるようにしました。一般的な日本語表現にあわせたということです。係争中の事案も本書には含まれていますが、加害者と表現したからといって裁判の頭越しに違法性を断定しているというわけではないことをお断りしておきます。

(3) レイハラ／セクハラ

　以下の各問のなかで、「レイシャルハラスメント」や「セクシュアルハラスメント」という言葉が最初に登場するときは省略せずにそのまま記載しますが、二度目以降は原則として「レイハラ」「セクハラ」と略記します。

▶ 本書の構成

　本書はQ&A形式をとっています。それぞれの問いと回答で独立した内容になっていますので、興味を引かれたところからランダムにお読みいただいても大丈夫なように構成されています。

　問いの並びは次のような区分になっていますので、目次と併せて参考にしてください。

　第1部 総論：Q1〜Q12
　第2部 具体的な被害事例：Q13〜Q21
　第3部 被害にあった場合の対処：Q22〜Q24

第1部はレイシャルハラスメントとは何かについて、やや理念的な話を中心にまとめてあります。ただし、具体的な被害事例がなければ抽象的な議論を理解することはむずかしいため、Q4、Q5、Q10に被害事例を中心とした項目を設けています。

　第2部は被害事例を中心にまとめています。とはいえ、被害事例の背後にある問題の構造を洞察することなしには、被害事例の意味を適切に理解することはむずかしいということで、Q16、Q18、Q19などで簡単に理論的な知識にも言及しています。

　第3部はもっとも実践的なパートで、被害にあった場合への対処方法をまとめています。現時点ではレイシャルハラスメントを防止するための法も組織規定も未整備のため、対処の方法はとてもかぎられていますが、だからこそここに紹介したことがらが被害に立ち向かううえで貴重な手段になると考えています。

金　明　秀

レイシャルハラスメントQ&A　もくじ

はじめに　3

第1部　総論

Q1　そもそもレイシャルハラスメントとは何ですか？　15
Q2　「○○ハラスメント」という新しい言葉が多すぎるのではないですか？　21
Q3　レイシャルハラスメントには人種への嫌がらせ以外も含まれるのですか？　25
Q4　ハラスメントは差別の一形態とのことですが、差別とはなんでしょうか？　30
Q5　マイクロアグレッションとは何ですか？　38
Q6　差別心がなければハラスメントにはあたらないのでしょうか？　44
Q7　ささいなことにハラスメントだと騒ぎすぎるのは好ましくないのではないでしょうか？　50
Q8　マイノリティを保護するためとはいえ規制が多いと萎縮して仕事に差し支えるのではないですか？　54
Q9　セクハラのように、レイシャルハラスメントにも対価型、環境型があるのですか？　58
Q10　セクハラと同じでレイシャルハラスメントも上司が部下にするのですか？　63
Q11　ヘイトスピーチとレイシャルハラスメントはどう違うのですか？　67

Q12 そもそも日本に人種差別なんてあるのですか？　73

第2部　具体的な被害事例

Q13 具体的にどういう事例があるのですか？　78

Q14 出自に関連した批判的、攻撃的、侮辱的言動なんて本当にいまでもあるのですか？　83

Q15 ジョークとして出自を一度からかっただけでもハラスメントになるのですか？　87

Q16 仲間はずれのつもりはなく、ただ外国人を区別しただけでもハラスメントですか？　まったく同じに扱うと同化の強要だとして批判されることがあるようですが　92

Q17 アジア人だけでなく白人もハラスメントにあうのですか？　97

Q18 日本のレイシャルハラスメントに固有の特徴はありますか？　101

Q19 日本人へのレイシャルハラスメントもありますか？　105

Q20 レイシャルハラスメントだということがわかりにくい事例を教えてください　110

Q21 わかりやすいレイシャルハラスメントなのに否定された事例を教えてください　117

第3部　被害にあった場合の対処

Q22 学校でレイシャルハラスメントを受けたのですが相談できる場所がありません　121

Q23 被害の相談に乗ってくれる団体はありませんか？　126

Q24 レイシャルハラスメントを防止する規定を作成する場合のポイントは？　130

文献　134

あとがき　137

第1部 総論

Q1 そもそもレイシャルハラスメントとは何ですか?

　レイシャルハラスメントとは、簡単にいえば、人種、皮膚の色、祖先、出身地、民族的出自、民族文化、宗教的信条、国籍などの人種・民族的要素に基づくハラスメントです。そしてハラスメントとは、受け手が望んでいない、攻撃的、侮辱的、有害だとわかる不快な言動のことです。したがって、レイハラについて理解するためには、まずハラスメント（はなぜいけないのか）について知る必要があります。

　「ハラスメントはなぜいけないのか」については、法律論的に二通りの考え方（法理）があります。ハラスメントのすべてが違法とされるわけではありませんが、さしあたって法律論に沿って「ハラスメントはなぜいけないのか」について考えてみましょう。

▶ 差別法理

　現在、世界の多くの国々で主流となっているのは「差別法理」とよばれる考え方です。たとえば、米国政府はハラスメントを「差別の一形態」と捉えたうえで、「人種、皮膚の色、宗教、性別（妊娠を含む）、民族的出自、年齢（40歳以上）、障害、遺伝情報に基づく、望まれな

い言動」と定義しています。単なる望まれない言動ではなく、差別の一形態と位置づけられているところに注目してください。米国には人種による職業上の差別などの禁止を定めた公民権法があるため、ハラスメントが深刻な場合は差別として違法になるというわけです。

また、英国におけるハラスメントの定義は、差別の禁止を定めた平等法の第26条にみることができます。同法によると、ハラスメントとは、「ある者（A）がもう一人の者（B）に対して、年齢、障害、性転換、人種、宗教または信条、性別、性的指向に関して望まれない言動を行い、その行為がBの尊厳を侵害する、またはBにとって脅迫的、敵対的、侮蔑的、屈辱的、または攻撃的な環境を創出する目的または効果を有する」ものです。ここでも、ハラスメントは単なる望まれない言動ではなく、差別の一形態であるからこそ違法性を問えるということがわかります。

なお、ハラスメントを差別の一形態とみなして違法性を問うというのは欧州連合（EU）の方針でもありますので、EU加盟諸国の多くがおおむね共通した国内法を備えています。

▶ 人格権法理

一方、日本では、これまでのところ差別を禁止する国内法が成立していませんので、差別法理を採用したくともできません。その代わりに日本で定着しているのが「人格権法理」です。人格権とは、生命、身体、健康、平穏な生活などを脅かされない権利のことで、ハラスメントはそれを侵害するので不法行為になりうるというわけです。ちなみに、日本の司法では、ハラスメントにかぎらず、どのような差別であっても、被害者を救済する根拠として人格権法理が用いられています。

差別法理が差別という社会レベルの不正義に起因する加害行為としてハラスメントを裁くのに対して、人格権法理では個人レベルの権利

侵害としてハラスメントの違法性を問うことになります。現在、差別法理を採用している国々でも、差別を禁止する法を制定する以前は人格権法理によってこの種の被害に対応していました。その意味では、人格権法理は伝統的な考え方ということもできます。なお、日本の他にフランスもモラルハラスメント罪で人格権法理の立場をとっていましたが、2017年からEUの方針に従って差別法理に基づく法律を制定しています。差別法理によってハラスメントを処断するのが世界的な潮流だといえます。

▶ 人格権法理の利点

　差別法理と人格権法理には一長一短があります。人格権法理の利点は、差別とは関係のない個人間の権利侵害で精神的な被害を受けるようなケースもハラスメントとして救済しやすくなることです。

　たとえば、お酒を強要する行為をアルコールハラスメントとよぶことがありますが、海外の文献で"Alu-Hara"が日本の労働慣行を説明する言葉として紹介されていたりするぐらい、日本独自の言葉なのですね。アルコールの強要は差別があろうとなかろうと起こりますので、これは人格権法理から出てきた和製英語です。こうした行為をハラスメントとして問題にしやすいのは人格権法理をつきつめた強みといえるかもしれません。

　同様に、パワーハラスメントも和製英語です。職階などの権力（パワー）を背景にして継続的に人格や尊厳を侵害する言動のことですが、差別のないところでもこうした権利侵害は起こりますので、そうした問題を捉えるためには人格権法理が適しています。

▶ 人格権法理の欠点

　その反面、人格権法理は、差別という個人にはどうすることもでき

ない社会レベルの不正義を個人レベルの問題へと矮小化してしまう側面もあります。差別法理でハラスメントを理解している多くの国においてハラスメントの代表例とされている出来事が、日本ではハラスメントと認定されにくいのも、その弊害の表れだとみなすことができます。

　世界人権宣言（1948年）の第2条に「すべて人は、人種、皮膚の色、性、言語、宗教、政治上その他の意見、国民的もしくは社会的出身、財産、門地その他の地位またはこれに類するいかなる事由による差別をも受けることなく、この宣言に掲げるすべての権利と自由とを享有することができる」とあります。

　ハラスメントが差別の一形態であるという認識さえあれば、ここに列挙されているすべての事柄についてハラスメントが生じうると類推することはむずかしくないはずです。しかも、「人種、皮膚の色」はこれらの筆頭にあげられている代表的な差別対象ですので、むしろ人種差別の一形態として生じるハラスメント（＝レイハラ）が存在するということに思いいたらないほうが不自然でしょう。にもかかわらず、日本でレイシャルハラスメントという言葉が知られていないところに、日本が人格権法理しか採用してこなかったことの問題点が凝縮されています。

　差別のあるところでもないところでもハラスメントは発生します。しかし、差別のないところに比べると、差別のあるところでは権利侵害がはるかに発生しやすくなります。それが、世界の多くの国々で差別法理が採用されている理由です。

▶ すでに多様化している日本の現状

　グローバル化が進む現代において、レイシャルな問題は世界を解読するための最重要キーワードの一つとなっています。もちろん、日本

も例外であるはずがありません。なぜなら、日本にもたくさんのレイシャルな集団が存在するからです。代表的な存在だけをとりあげても、先住民であるアイヌや琉球民族、植民地支配に由来する在日コリアンや在日華人、90年代以降の移民である日系ブラジル人やペルー人、等々と多種多様です。種類だけでなく数からいっても、日本国内で生まれる子どものおよそ30人に1人が少なくとも父母の一方が外国籍住民であり（2014年人口動態統計による）、無視しえないボリュームになっています。日本では、人種や民族をめぐる諸問題をどこか対岸の火事のようにみなす風潮がありますが、およそ現実離れしているといわざるをえません。

▶ 日本での被害にどう対処すべきか

　世界の多くの国々に差別を禁止する法律があり、レイハラにも差別法理をもって対応することができますが、いまのところ日本はそうではありません。上述のゆがみに対応するためには、将来的にハラスメントを含めた差別を禁止する立法措置がとられる必要があります。しかし、立法府も法律学界もなぜかそのことに前向きではありませんので、当分の間、被害を救済するためには他の手段をとらざるをえないでしょう。

　どうすればいいか。第一に、レイハラにかぎらず、ハラスメント問題には、かならずしも法でなくとも、就業規則、服務規定、懲戒規定などを整備することで、組織のコンプライアンス問題として対処することが可能です。現時点でも、セクシュアルハラスメントについてはほとんどの組織がそうした対応をとっているはずです。レイハラについても同じようにするといいでしょう（具体的にはQ23〈126ページ〉～Q24〈130ページ〉参照）。

　第二に、そうした組織内規則が整備されていなくとも、社会通念上

許容される限度を越えるような被害であれば、裁判で人格権の侵害を訴えることが可能です。裁判に訴えるのは、金銭的にも時間的にも精神的にも負担が大きいため、一般の人にとって並大抵の覚悟でできることではありませんが、裁判に訴えることの社会的意義は相当に大きいといえます。訴えることによってはじめて問題の言動の違法性を確定できる側面があることにくわえて、賠償金は組織にとって経営上のリスクになりますので、判例が積み重なっていけば、多くの健全な組織は防衛のためにも組織内規則を整備していくと予想されるためです。しかも、問題の言動が人種差別にあたると認定されれば、違法性を加重する理由となり、損害賠償の金額が加算されます。これらのことを通じて、後続の被害を抑止したり軽減したりできるでしょう。
　日本にハラスメントという概念が輸入された際、差別禁止法や政府から独立した人権救済機関など、被害を救済するための法制度を国はつくりませんでした。そのぶん、被害者が訴えようとしたときの負担は小さくありませんが、現時点では社会の構成員みんなが力を合わせて対処することで当事者の負担を軽減することが重要です。

Q2 「〇〇ハラスメント」という新しい言葉が多すぎるのではないですか?

　「弁護士ヘルプ」というブログに「ハラスメントの種類26」(2013年6月6日付)という記事があり、セクシュアルハラスメントやレイシャルハラスメントの他に、マタニティーハラスメント、ドクターハラスメント、カラオケハラスメントなど26項目の「〇〇ハラスメント」が紹介されています。なるほど、これだけ多いと、とてもそのすべてを理解して対処するのはむずかしいと感じられるかもしれません。さらに、同記事に触発されたと思われる別のブログでは、2017年5月15日時点で「全33種類になりました」と記述されています。どうやら「〇〇ハラスメント」は増殖を続けているようです。

▶ 日本独自の「〇〇ハラスメント」

　しかし、それらのブログで紹介されている言葉のうち、海外でも通用するのは、セクシュアルハラスメント、ジェンダーハラスメント、レイシャルハラスメント、エイジハラスメント、モラルハラスメント、テクスチュアルハラスメントなど一部で、その他の多くは日本でつくりだされた造語です。というのも、たとえば、職員が妊娠すると解雇などの不利な扱いを受けるというのは世界中でみられる労働権の侵害ですが、妊娠は女性しかしませんので一般にはセクハラの一形態と考えられており、わざわざマタニティーハラスメントという言葉を用いる必要がないからです。

世界の多くの国々とは違って、どうして日本で「〇〇ハラスメント」という言葉が量産されるかというと、その理由の一つは、日本では差別法理（Q1参照）に基づいてハラスメントを理解する大原則が周知されていないので、個々の事例を「〇〇ハラスメント」として問題にせざるをえないためです。逆にいえば、差別法理においてハラスメントを理解する大原則さえわかっていれば、「差別対象＋ハラスメント」という言葉だけで意味が通じるため、無制限に言葉が増える可能性は小さくなります。

▶ 日本の「ハラスメント」がかかえるゆがみ

くわえていうと、日本ではハラスメントが差別の一形態だという認識がほとんどないため、本来ならハラスメントとよぶべきではないことにも「〇〇ハラスメント」という言葉が与えられています。たとえば、たんに何かを嫌いだという感情を正当化するために「〇〇ハラスメント」という言葉を用いて相手の責任にしようとすることもあります。

スメルハラスメントはその一つです。上述のブログによると「きつい体臭や香水などにより、周りの人に不快感を与える臭いによる嫌がらせをスメルハラスメントといいます。本人に意識があるかないかは場合にもよります」というのですが、わざわざ嫌がられる臭いを振りまいて他の誰かを故意に不快にさせる人などそうそういるものではないでしょう。むしろ、こういう言葉は生まれつき体臭のきつい人をいじめる場面でこそ使われることのほうが多いのではないでしょうか。

いじめという権利侵害を正当化するためにハラスメントという言葉が用いられるとすれば完全に本末転倒ですし、社会的な不正義を告発するための訴求力が薄められてしまいかねません。その意味でも、「〇〇ハラスメント」という言葉の氾濫（はんらん）には注意が必要です。

▶ 歴史の古いレイシャルハラスメント

では、レイハラはどうかというと、じつは新しいどころか、セクハラと同等以上の古い歴史をもっています。レイハラ自体はおそらく人類の歴史と同じくらい古くから存在していたと思われますが、それらが法的な救済を受けるべき問題だと理解されるようになったのは1950年代から60年代なかばにかけての米国における権利闘争を通じてのことでした。

マーティン・ルーサー・キング牧師らを中心にした、いわゆる公民権運動の成果として、1964年に公民権法が制定され、政府機関や職場における人種差別が禁止されました。同法の第7編に「人種、皮膚の色、宗教、性、または出身国を理由として、個人を雇用せず、あるいは雇用を拒否し、もしくは個人を解雇すること、または、その他の形で、雇用における内容、条件、権利について、個人を差別すること」の禁止が定められています。それを根拠としてレイハラによる精神的被害が初めて損害賠償の対象として認められたのは1971年(ロジャース対EEOC裁判)のことです。同法に基づいて、つまり差別の一形態としてセクハラに初めて賠償命令が出されたのは1976年(ウィリアムズ対サクスビー裁判)のことですので、レイハラをめぐる法廷闘争のほうがほんの少し歴史が古いといえます。

▶ ロジャース対EEOC裁判

ロジャース対EEOC裁判についてもう少し詳しく紹介しておきましょう。テキサス・ステート・オプティカルに勤務するヒスパニック系の検眼医が、自分に有色人種の顧客だけをわりあてた社の指示は人種隔離であり、公民権法第7編の禁じる「敵対的就労環境」になっていると雇用機会均等委員会(EEOC)に申し立てました。

EEOCが会社側に調査を受け入れるよう催告を行ったところ、それを不服として会社がEEOCを訴えた裁判の控訴審で、ゴールドバーグ判事は「雇用環境が差別によって深刻に汚染されていれば、マイノリティ集団の労働者が情緒的、心理的安定を完全に破壊されるということは容易に想像できる。……第7編の条項はそうした有害な慣行を根絶することを目的としている」として、社に損害賠償を命じました。この判決が後続の裁判に与えた影響は非常に大きく、ハラスメントによる精神的被害が法的救済を受けうる問題であると世界に知らしめる歴史的な意義を有するまでにいたりました。

　この判決は、米国におけるハラスメントの解説書などではほぼ例外なく言及されているほど有名なものなのですが、管見のかぎり日本語ではまだ紹介されたことがないようです。セクハラをめぐる最初の重要な判例として1976年のウィリアムズ対サクスビー裁判が日本でも広く紹介されていることを思えば、その判決の前提となったロジャース対EEOC裁判についての情報がまったく知られていない状況は、いささか奇妙な印象すら受けるくらいです。いったいどうしてこういう状況が生じているのでしょうか。

　正確なところはわかりませんが、セクハラに関わる法概念を日本に輸入した研究者らが日本におけるレイハラの重要性に気づかなかったか、あるいは差別法理を採用することのむずかしい現在の日本の法体系ではセクハラとレイハラの連続性を説明する意義が乏しいと考えたのでしょう。いずれにせよ、結果として、諸外国でレイハラをめぐる判例が積み重ねられてきた間、日本ではレイハラという言葉すら普及しないというガラパゴス化が生じてしまったわけです。

Q3
レイシャルハラスメントには人種への嫌がらせ以外も含まれるのですか？

　レイシャル（racial）という言葉は、もともとは「人種の」という意味です。そのせいか、筆者はかつて、「在日コリアンに対する差別的な嫌がらせは民族差別であってレイシャルハラスメントにはあたらないのでは」という質問を受けたことがあります。日本人と在日コリアンの差は人種ではなく民族だということなのでしょう。あるいは、「外見上は日本人にしか見えない日系ブラジル人に対して、外国人だからと嫌がらせをするのは国籍差別であってレイハラではないのでは」と疑問に思う人もいるかもしれません。

　しかし、レイシャルハラスメントというときのレイシャルには、人種、皮膚の色、祖先、出身地、民族的出自、民族文化、宗教的信条、国籍など多様な人種・民族的要素が含まれています。というのも、こうした多様な人種・民族的要素をレイシャルと総称するのは、米国における言葉遣いの影響を受けているためです。

▶「人種」の構築性

　米国でも、19世紀から20世紀の前半ごろまでは、皮膚の色、顔形、毛髪の色、目の色、背の高さ、遺伝子などの肉体的な特徴によって区分された人の集団を人種（race）とよんでいました。ところが、1960年代なかばごろから、それまで人種だと思われていた集団による文化運動が表面化するようになって事情が変わりました。いわゆる黒人を

例にとると、アフリカ的な音楽への志向が強まったり、アフリカ的な色彩を重視したり、よび名を「黒人」から「アフリカ系米国人」へと変えたり、アフリカから受け継いでいる文化的特徴を研究する学問分野が登場したりするなど、文化的なアフリカ回帰が急速に強まりました。これらは人種というよりむしろ民族的な現象です。こうした文化運動が幅広く生じるようになって以降、肉体的な特徴によって人を区分するという旧来の意味づけのままでは、うまく対象を捉えることができないという理解が広まったわけです。

　ほぼ同じ時期、文化人類学の研究によって、肉体的な特徴に基づけば同じ人種と捉えるのが自然であっても、当事者は文化的な差異があることをもって異なる人種だと信じているケースがあるということも知られるようになりました。ささいな違いを（それが肉体的なものでなく文化的なものであっても）生まれつきの本質的な差異とみなし、人種の差と捉える文化があるとすれば、人種という観念はとても恣意的なものだということになります。

　さらにその後、遺伝学の発達によって、人類はホモサピエンスというひとつの種であり、人種などという分類は科学的に無意味だということもあきらかになりました。全人類は99.6％の遺伝子を共有しており、個々人の違いはわずか0.4％です。アフリカの同じ山の2頭のゴリラと、違う大陸にすむ異なる人種の2人の人間の遺伝子的な違いを調べて、どちらが「より似ているか」といえば、違う人種の人間のほうがはるかに似ているというくらい、人類の遺伝的な共通性は高いのですね。さらに、そのわずかな違いのうち、人種間の違いをうみだす遺伝子の量は0.04％でしかありません。2人の人間の生まれつきの差があるとき、それが人種の違いによる可能性は、単なる個性の差である可能性の10分の1にすぎないということです。人種の重要性というのは一般に信じられていたよりもずっと低かったわけです。

▶ 新しい「人種」概念

これらの学術的研究の成果が知られるようになると、おのずと人種という言葉にこめられた意味は変質していきました。つまり、人種の違いには科学的な根拠など存在しないが、人々がそれを信じていることによって人々を拘束する社会的構築物にすぎないと理解されるようになったわけです。そして、人種の差という人々の信念をうみだす要素として、肉体的な特徴だけでなく、祖先、出身地、民族的出自、民族文化、宗教的信条、国籍など多様なものがあるということも認識されるようになっていきました。したがって、現代の米国におけるレイシャルという言葉は、「人種の」と訳すよりも、「多様な人種・民族的要素の」ぐらいの意味で理解するほうがいいでしょう。

余談ですが、「人種」と同じように「民族」概念にも修正が必要だということで、エスニシティという新しい言葉も普及しました。エスニシティとは「民族的な (ethnic) もの (-ity)」をあらわす造語で、「多様な人種・民族的な集団とその内実」を意味します。そのため、人種という言葉の使用をさけたいと願う論者のなかには、非常に数は少ないですが、レイハラのことをエスニシティハラスメントとよぶ人もいます。たとえば、カリフォルニア州アーバインで弁護士を務めるブラニガン・ロバートソンはその一人で、インターネットなどを通じて啓発に努めています。

▶ 多義的なレイシャルハラスメント

ここで、レイハラの多義性を象徴する最近の事例をひとつ紹介しましょう。米国ミシガン州ヘイスティングス市で警察官を務めるクリオン・ブラウンさん（47歳）は、医者から長女の病気がアフリカの血統にみられるものだと指摘されました。しかし、ブラウンさんは白人と

して生まれ育ちましたし、自分の祖先にインディアンはいるが黒人はいないと亡くなった父親から聞いていました。そこでDNA検査を受けてみたところ、遺伝的なルーツの18％がアフリカに由来するという結果が出ました。おそらく、肌が浅黒く縮れた黒髪をしていた父親は、黒人だったということなのでしょう。

　それでやっと娘の病気が理解できたと安心し、同僚の警察官たちにその話をしたところ、何を話しかけても無視されるようになってしまいました。署長にもDNA検査の結果を話したところ、署長は同僚たちの前でブラウンさんのことを「クンタ」とジョークめかして呼びました。クンタとは、黒人のルーツを描いたある有名な伝記作品の主人公の名前です。そこから事態はエスカレートし、一部の同僚たちからの差別的な嫌がらせが始まりました。黒人をばかにするジョークを投げかけられたり、目の前で黒人の人権運動のまねをされたり、署内のクリスマスツリーに「18％」とマジック書きされた黒人のサンタクロース人形が飾られたり、というものです。それどころか、事情を知っていた市長までもがブラウンさんの前で黒人を愚弄するジョークを語りました。そして2017年5月、とうとうブラウンさんは市と市長および署長を相手に訴訟を提起することになりました。

　ブラウンさんは、肉体的特徴によって人を区分する人種の捉え方では白人にあたります。市当局も、原告が白人だから訴えの権限がないと反論しています。ある意味では、みんなブラウンさんが黒人だとは思えなかったからこそ、黒人をネタにした差別的なジョークを気軽に口にすることができたという面もあるでしょう。

　しかし、一連の出来事が、ブラウンさんの人種的祖先がわかったことにより生じたということは明らかですし、ブラウンさん自身、亡くなっていた父親本人から話を聞けなかったとはいえ、黒人としてのアイデンティティをもつにいたっていました。人種の差という人々の信

仰は、見た目の違いなどなくとも、たんに遺伝情報が知られるだけで生じるものなのですね。「レイシャル」なハラスメントがいかに多様な要素から生じるかを象徴する事件だといえます。

Q4
ハラスメントは差別の一形態とのことですが、差別とはなんでしょうか?

　差別というのはもともとマクロな(つまり社会全体を理解するための)概念です(105ページ、Q19参照)。しかし、ハラスメントはミクロな(つまり具体的な個人が体験する)場面で現れますので、ここでは個人レベルで問題となる差別的な言動にどのような種類があるかについて説明します。

▶三つの公正基準と6通りの差別の現れ方

　人々が差別的な言動を「いけないこと」だと感じるのは、それが物事を「正しい」と判断するときの基準に抵触するからです。そして、人々が物事を「正しい」と判断するには、衡平基準、平等基準、承認基準という3通りの基準があるということがわかっています。

　衡平基準とは貢献度に応じて富を分配することが正しい(がんばった人ががんばった分だけ報われるのが正しい)という考え方です。給与でいえば能力給やボーナスがこの基準に則して支払われます。ケーキの切り分け方でいえば、ケーキを購入するにあたってたくさんお金を出した人が大きなカットをもらう権利があるという考え方です。

　平等基準とはメンバー全員を平等に遇するのが正しいという考え方です。参政権は国民であれば平等に1票与えられますし、行政サービスも原則としてすべての住民に等しく機会が与えられますが、これらは平等基準に基づく制度です。給与でいえば基本給や年齢給がこれに

あたります。ケーキでいえばパーティーの参加者全員に均等に切り分けるべきだという考え方です。

　承認基準とは特別な必要に応じて相応に配慮することが正しい（困っている人にはより手厚くもてなすべき）という考え方で、福祉サービスなどはこの基準が重視されます。給与なら扶養手当や住宅手当など各種の手当が相当します。誕生日ケーキでいえば、誕生日の人がいちばんおいしそうなカットをもらうのが正しいというような考え方です。

　この三つの基準は、いきすぎても、足りなくても、それぞれ機能不全に陥るため、差別には合計6通りの現れ方があるということになります。図1の右半分は各基準が満たされないケース、左半分は各基準が過剰なため機能不全に陥っているケースです。以下に、それぞれに該当する差別発言を紹介していきます。

図1　三つの公正基準と6通りの差別の現れ方

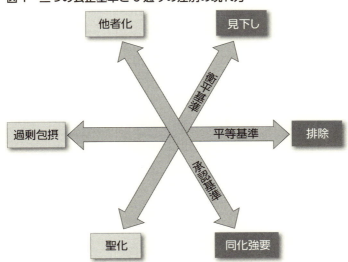

▶「見下し」型の差別

- 女は論理的思考能力という点でわれわれ男性に劣る。大事な仕事を任せられず、昇進が抑えられても仕方がない。
- 黒人は知能においてわれわれ白人に劣る。奴隷として白人に奉仕するのは神が定めた摂理だ。
- 朝鮮人はうそつきでずるがしこい。入居にあたって、日本人の3倍の保証金を納めてもらうのは当然だ。

　これらの発言は、何らかの属性を見下すことによって、同じ成果を上げても過小評価するところに特徴があります。蔑視感情をともなうことが多いため、差別であることがわかりやすいといえます。

▶「排除」型の差別

- 部落のやつらはおれたちと身分が違う。結婚するなんてもってのほかだ。あいつらがおれたちの山で薪(まき)を採るなんて泥棒だ。おれたちと同じ場所で働くなんて許せない。
- 女は子どもを生み育てる性であり、企業は男の世界だ。外で働くのは男にまかせて、女は家庭内で家事や育児をするのが合理的だろう。専業主婦はむしろ女の天職だ。
- 朝鮮学校に通う生徒は他の生徒とは違う。外国人だし、独裁者崇拝の洗脳教育を受けている。同じ競技大会に出場するなんて許せない。ましてや、優勝したからといってウチの県の代表になるなんておかしい。

　これらの発言には「見下し」型の差別も混ざってはいますが、より特徴的なのは何らかの属性を「仲間入りさせない」ということです。「仲間」でありさえすればみんな同じチャンスが与えられるというとき、恣意(しい)的に「私たち」と「あの人たち」の間に線を引いて「あの人

たち」を仲間入りさせないというのが「排除」型の差別です。

▶「同化強要」型の差別

- 在日コリアンに民族教育など必要ない。もっと日本人らしくなって日本社会に同化しなければ日本にいる資格はない。
- 障害者だからといって特別扱いする必要はない。健常者と同じ基準で働けないなら物ごいでもすればいい。
- 男女平等の世の中なのだから、そもそも生理休暇や出産休暇などは必要ない。

　これらの発言は、特別な必要がある人々に対してその必要性を認めないというところが特徴です。一見すると「同じ」であることを求めているようでいながら、そのじつ、「違う」のならその不利益は我慢しろというものです。ポイントは、マジョリティに都合のいい慣習はいっさい変更しないというところにあります（92ページ、Q16も参照のこと）。

▶「聖化」型の差別

- 女性はみんなマドンナだ。かよわく、美しい。汚い仕事やきつい仕事を任せるのはかわいそうだ。
- 障害者はみんなしんどい思いをしてがんばっている。けなげでいい人たちだ。
- 差別と闘う在日コリアンはみんな崇高な人たちだ。たとえ間違っていることがあっても非難すべきではない。

　これらの特徴は、同じ能力を発揮しても、過剰に評価されてしまうということです。過剰評価だったら差別ではないと思われるかもしれませんが、過剰な評価にそぐわないような実態は抑圧されるという問題があります。たとえば、マドンナとしての女性像にあわせて、女性

はしおらしくしなければならないという圧力を受けるというようなことです。それによって職域は制限されてしまいますし、いざ自分らしく振る舞おうとすると「あいつは女じゃない」などと攻撃を受けることになりかねません。

▶「過剰包摂」型の差別

- 先住民の子どもたちにも一般の子どもたちと同じ生活習慣を身につけさせなければ児童虐待だということで、幼少時に親元から強制的に引き離して寮に入れる。
- 毎晩のように終業後に飲み会がセッティングされる職場に女子職員が配属された。同じ部署の同僚だからと参加させられ、「下ネタが通じる女の子だ」「〇〇さんは男の気持ちがわかってる」などと言われる。

これらの言動は、日本では一般に差別やハラスメントと認識されるどころか、同じ仲間扱いしているのだからと、よいことだとみなされることも少なくありません。しかし、これらの問題は、メンバーに入れる必要がないのに、無理やりメンバーの一員だということにして、同じ基準を押しつけるところにあります。

▶「他者化」型の差別

- （日本で生まれ育った欧米系とのダブルに対して）あなたは日本人じゃないから考え方が違う。
- （日本に生きる者として日本社会の問題を批判した在日コリアンに対して）やっぱり在日は反日意識があるんですね。
- 女は子宮で考える生き物だから理解しあうことはできない。

これらの発言は、マイノリティに固有の「違い」があることを認めつつ、その違いを本質的に乗り越えることができない問題だと決めつ

けたり、迷惑なものだと否定的に捉えたり、根源的に自分たちとは異なる存在だとみなしたりすることで、同じ社会の一員でありながらそうとはみなさないところが特徴です。

▶ 複合的な事例

この六つの区分は、あくまで差別の特徴をわかりやすく把握するための理論的なモデルです（社会学ではこういうモデルを「理念型」とよびます）。逆にいえば、現実の差別は複数の区分にまたがったかたちで現れることが少なくありませんので、そういう事例をこのモデルで説明しようとしても、どの区分に当てはまるのかよくわからないということもあると思います（また、どれにもうまく当てはまらない事例もあります）。そこで、実際に複合的なかたちで生じている差別事象をこのモデルに即して解読してみましょう。

事例としてとりあげるのは、「アイヌ民族否定論」です。これは、①アイヌはすでに固有の言語や文化を失い、同化しているのでアイヌという「民族」はすでに存在しない、②和人との混血が進み、「純粋なアイヌ」は存在しない。したがってアイヌ民族は存在しない、③アイヌの言語や文化は地方によって異なり、ばらばらなのでアイヌという「一民族集団」は存在しない、④にもかかわらず、民族文化振興のための予算を不正に取得している、という主張群です。

いずれも非科学的で荒唐無稽なデマですが、草の根右翼や極右政治家が下支えしながら 2008 年ごろから勢いを増してきています（詳細は岡和田・ウィンチェスター編『アイヌ民族否定論に抗する』を参照のこと）。

アイヌ民族否定論の最大の特徴は、狩猟採集生活を営むアイヌのイメージを「他者化」しつつ、実際のアイヌはそうでないから日本人と同じように扱うべきだと「同化強要」をするところにあります。つまり、前者には承認基準を極端にゆがめて当てはめながら、後者におい

て承認基準の適用を認めないという、奇妙にねじれた論理になっているわけです。

また、伝統的なアイヌの生活様式については尊重されるべき文化だと「聖化」しながらも、現在はもうそういうアイヌが存在しないのに利権をむさぼっているなどと「見下し」をするところも重要な特徴といえます。ここでも、前者では衡平基準を過剰に適用しつつ、後者では衡平基準を認めないというねじれがあることがわかります。

このどちらの特徴においても、承認基準や衡平基準を認めないことが真の主張なのですが、その差別性を隠すために、架空のアイヌに対しては承認基準と衡平基準を過剰に適用してみせているわけです。差別をしながらそれを正当化するという目的のためだけに創作された卑劣で巧妙な物語だといえます。

▶ 公正基準の歴史

衡平基準、平等基準、承認基準は、それぞれ歴史的に認められてきた時期が違います。三つの基準のうち、世界の差別・人権問題の歴史のなかでもっとも早く争点に浮上したのは衡平基準でした。奴隷解放運動や第一波フェミニズムなどが「同じ人間だ！」と訴えて「見下し」型の差別と闘ったのがそれにあたります。

ついで、1950年代なかばから公民権運動などで平等基準が争点となり、人種隔離政策を撤廃させることで「排除」を差別だと認めさせました。国際人権規約はそれらの運動の結晶といえるでしょう。

そして、承認基準が重要な争点だとみなされるようになったのは1960年代なかば以降のことで、第二波フェミニズム、ポストコロニアリズム、障害者自立運動などが「同化強要」を問題化する主役となり、多くの国々で多文化主義を政策として採用させるにいたりました。

ところが、日本では、差別というといわゆる同和問題の解消が主力であったため、いかに「見下し」や「排除」に対抗するかということは問われてきましたが、承認基準が争点に浮上することは非常にまれなことでした。やっと2008年になってアイヌを先住民族として公式に承認したことや、障害者への合理的配慮を定めた障害者差別解消法（2016年4月施行）が数少ない例外でしょうか。

　そのような状況ですので、日本では承認基準の不全状態、つまり「同化強要」と「他者化」が、諸外国に比べて差別だと認識されにくいといえます。

▶ 研修の重要性

　6通りの差別の現れ方のうち、日本で一般に差別だと認識されやすいのは「見下し」と「排除」の2通りだけです。そして、残りの4通りについては差別だと認められずに被害者が二次被害を受けたり、泣き寝入りするように追いこまれてしまいがちです。そうした被害を防ぐためには、差別について包括的に理解するための研修が必要だと思われます。

Q5
マイクロアグレッションとは何ですか?

　マイクロアグレッションとは米国の精神医学や臨床心理学のなかから提唱された新しい専門用語で、「マイノリティに対して、意識的か無意識的かを問わず、敵意や侮辱を伝えるささいでありふれた日常的な言動」のことです。誰にでも差別だとわかるようなはっきりとした敵意や侮辱ではなくとも、言葉の端々に現れるちょっとした軽侮がマイノリティの精神的健康を害する危険性があるという知見から生まれた言葉です。

　マイクロアグレッションはレイシャルハラスメントの一形態だといってかまいません（78ページのQ13で示したように本書で紹介しているレイハラの事例の一部はマイクロアグレッションです）。ただし、レイハラがおもに法廷闘争を通じて発達してきた概念であるのに対して、マイクロアグレッションはおもに日常的なコミュニケーションのなかで生じる軽度の差別的な事象とそれによって被る心理的な被害を説明するために用いられるという違いがあります。

　コロンビア大学でカウンセリング心理学を教えるデラルド・ウィン・スー教授は、アジア系米国人を対象とした調査に基づいて、マイクロアグレッションのありがちなパターンを整理しています。そのうちいくつかを紹介しましょう。

（1）外国人か外国生まれであると決めつけられる
　「どこの国の生まれ？　英語が上手だね」という発言が代表格です。

一般的な米国人とは《違う》存在であり、米国の本来の《メンバーではない》ことを暗黙の前提にした発言ですので、言われたほうは疎外感をいだかされます。なお、これはQ4（30ページ）で紹介した「他者化」の差別（34ページ）の一種でもあります。

(2) 知性を人種の問題にされる

「アジア人だから数学が得意なんだね」のように、アジア人はみ・ん・な・勉強（とくに数学や科学）に秀でているとするものです。形式的には褒められているようでいながら、実際に褒められているのは自分の努力や能力ではなく人種へのイメージにすぎませんし、勉強の得意でないアジア人には強いプレッシャーとなります。そもそも知能の優劣を人種の問題とみなすのは人種主義にほかなりません。Q4の区分でいえば「聖化」（33ページ）にあたります。

(3) 人種的な被差別体験を否定される

アジア系は他のマイノリティと違って差別を受けておらずズルイという含意をこめて「アジア系は新しい白人だ」といわれることがあります。実際には差別に基づくさまざまな不利益や不平等があるにもかかわらず、それを非難がましく否定されるわけですから、差別の二次被害だといえます。

(4) 女性が異国情緒化される

アジア人女性が好きだという白人男性からしつこく迫られたことがあるという人は少なくありません。「アジア人女性って男を立てるし、キツイことをいわないところがいい」ということなどがその理由なのですが、個人の魅力ではなく「芸者」のように《男性に奉仕する役割》を期待されることは、人格の否定であると同時にステレオタイプを押し付けられる屈辱的な経験になりえます。

(5) 民族間の差異を無効化される

「アジア人はみんな同じに見える」とか「あなたは中国系なの？

ぼくの元カノは（あなたと同じアジア人である）日本人だったよ」のように、アジア系は一緒の扱いにされることがあります。個々の民族集団の価値は《とるにたりない》ことだという前提を含んだ発言だと解釈されうるため、アイデンティティを否定される不快感をいだかされます。Q4の基準でいえば「承認基準」の不全状態ですので、「同化強要」（33ページ）の特殊なパターンだといえます。

(6) 出身文化をおかしなものと扱われる

（ナイフとフォークでなく）はしを使って食事をとると笑いものにされるというような状況が代表的です。この種の経験には、支配的な文化に強制的に同化させられる苦痛と、出身文化を笑いものにされることへの屈辱をともないます。Q4の区分でいえば「見下し」（32ページ）と「同化強要」（33ページ）の複合的な形態です。

(7) 二級市民扱いされる

「レストランでワインを頼んでもいつも白人の友人の前に置かれてしまう」というのが典型事例です。アジア人にはワインのことはわかるまいという思いこみによるものでしょう。また、「いくらでもいい席が空いているのに、自分の家族（アジア人）はいつも奥の見えないほうの席へ案内される」という経験も、サービスに値しない客だと軽んじられていることを意味します。

以上にあげた事例は、いずれも一つひとつをとりあげると、軽い疎外感や不快感をいだかせる程度のささいな言動にすぎません。しかし、多くのマイノリティは、こうした言動を日常的に反復して体験させられますので、一つひとつの被害は軽微であっても蓄積して自尊心に傷を受ける場合があります（50ページ、Q7も参照のこと）。

くわえて、こうした言動が不特定多数の加害者から反復して寄せられるということは、一つひとつの加害者の問題（だけ）ではなく背景にある構造的な抑圧状況の現れだと理解されますので、まるで社会全

体から自分が過小評価されたような感情を被害者に与えうるわけです。

　にもかかわらず、個々の言動はささいでとるにたりないようなものであるため、被害者側はそれによって大きな被害感情を受けたとしても訴えることができず、訴えても過剰反応だと逆に非難されたりしてしまいます。この、加害と被害の認識のギャップこそがマイクロアグレッションの特徴だといえます。

　さらに重要なことは、マイクロアグレッションは単独で行われることももちろんありますが、差別的ないじめの構図を維持するためになかば意図的に実践されたり、差別的な組織風土のなかから集中的に醸成されることもあるということです。たとえば、マイノリティの職員は無能だという偏見が蔓延している職場では、そうでない職場に比べて、マイクロアグレッションが発生する頻度は当然のことながら高くなるでしょう。

　マイクロアグレッションは、どれか一つを体験したからといって、すぐにハラスメントとして問題化しようとする人はいないでしょうし、またかりに訴えても裁判などで違法性を認められることはないと思われます。しかし、特定の組織において集中的、継続的に発生しているのであれば、それはマイノリティに対する「敵対的環境」にほかなりませんので、裁判においても違法なハラスメントと認定される可能性は高くなります。

　さらに、たび重なるマイクロアグレッションの被害の訴えを安易に否定するようなことがあれば、組織としてハラスメントの二次加害の責任を問われることになりかねません。そうした事態を避けるためには、日ごろから研修などを通じて、日常のささいな差別的言動について、加害と被害の認識のギャップを埋める努力をしておくことが大切でしょう。

▶ マイクロアグレッションの深刻な事例

　最後に、マイクロアグレッションが繰り返されたレイハラの深刻な事例を二つ紹介します。一つ目は多民族共生人権教育センターが行った調査（78ページ、Q13参照）における、欧米系と日本のルーツをもつ方の回答です。

> （国語の）非常勤講師をしている傍ら、夏休みのときに短期のアルバイトとして工場ラインにはいりました。いろんな人がいるなか、ある男性が私の顔を見ては「ハロ〜」「すげー、日本語ちゃんとしゃべれんじゃん」「日本語上手やなー」と、国語教師をしているということを知ったうえでそのような発言を毎日のようにしてきました。その男性の共通の女性の友人と働いていましたが（その人は気の合うタイプの優しい人）その人から私のことを聞きだしては次の日に「へー、○○人とのハーフなんだ。何で日本にいるの？」などといわれ、答えず無視をして、仕事の掛け声を続けていると相変わらず「日本語うまいわ〜」と言われ、とうとう私も頭にきて「そんなに私が日本語しゃべってることがおかしいですか⁉」といったら「うん、そうだね」と言われたので、あまりにも気分も悪くなり次の日にはやめました。4日で限界でした。

　この事例は、一つひとつの発言をとりあげれば差別語や侮蔑表現は用いられていませんが、差別的な言動であることは明白です。マイクロアグレッションといえども、あきらかに意識的な侮辱をともなっており、しかも執拗に繰り返されていますので、被害者に対する攻撃性は相当に強いことがわかるでしょう。
　次の事例は元国会議員によるネット上での発言です。2016年2月、

国連女性差別撤廃委員会がスイス・ジュネーヴで開催され、日本政府が条約を誠実に履行しているかどうかの審査が行われました。日本からは、政府代表団だけでなく、NGOからも意見表明のためにたくさんの方が参加していました。そのなかには民族衣装を着た在日コリアンやアイヌ当事者がいたのですが、元国会議員の杉田水脈(みお)氏がそれを見て「チマチョゴリやアイヌの民族衣装のコスプレおばさんまで登場」「チマチョゴリやアイヌもどきの衣装を着た人がいた」「群れをなして押しかけていた差別を捏造(ねつぞう)する方々」などとネット上で侮辱したのです。

　差別の被害を訴えるために民族衣装を「正装」として選んだ人々に対して、差別の被害と民族文化の正統性を丸ごと否定し、侮辱したわけです。まぎれもないヘイトスピーチですが、民族衣装を着た方々の写真をブログやSNSに掲載しての侮辱でしたので、その方々個々人に対するレイシャルハラスメントでもありました（67ページ、Q11参照）。

　なお、杉田氏は、いっさい謝罪をすることもなく、その後2017年の第48回衆議院議員総選挙に与党公認で出馬し、当選しています。再当選を許してしまった社会にも一定の責任がないとはいえないでしょう。

Q6
差別心がなければハラスメントにはあたらないのでしょうか？

> ▶ ブラックフェイス問題

　ある言動について「差別だ」と指摘されたとき、「傷つけるつもりはなかったから差別ではない」という反論がなされることがしばしばあります。

　たとえば、2017年の年末、お笑い番組「笑ってはいけない」のなかでダウンタウンの浜田雅功(まさとし)が黒塗りメイクで登場する場面がありました。エディ・マーフィ主演の人気映画『ビバリーヒルズ・コップ』のパロディという設定です。「はじめに」でも書いたように、黒人を模した黒塗りメイクには長い差別の歴史があり、現在では世界の多くの国々で人種差別の象徴とされています。ツイッターでも在日外国人を中心として「黒塗りメイクは人種差別だ」という批判が起こったのですが、日本人ユーザーの多数派の意見は、「黒塗りメイクが差別と理解されるなんて知らない日本人が多いわけだし、そもそも黒人を卑下するためでなくむしろ敬意をもってまねしているわけだから差別にはあたらない」というものでした。

　この件は海外のメディアを中心に批判的に報じられましたが、日テレは1月6日に問題の場面をカットすることなく再放送しました。日テレとしては「問題はない」との判断だったのでしょう。

https://twitter.com/gakitsukatter/status/947401162721968129

しかし、当事者はどう思ったか。ハフポスト日本版の記者が、在日歴13年の黒人作家バイエ・マクニールさんにインタビューを行っています（2018年1月3日付）。

　《私の気持ちは半々です。
　半分の私は、日本のテレビコメディーや音楽でブラックフェイスを見るたび、見下されたような、馬鹿にされたような、そして表面だけを見られて、人間性を否定されているような気分になります。
　私の肌の色が、私自身の人間性が、芝居の小道具、あるいは脚本にされたかのように感じるのです。
　しかし、もう半分の私は、『彼らは子供で、わかっていないだけ。だから我慢しなきゃ』とも思うのです》
　マクニールさんは、こんなふうに思ってしまうこと自体が「つらい」のだと話す。
　《敬意を持って、一緒に生きていこうと決めた日本の人たちに対して、このような感情を抱いてしまうのは、つらいことです。》

はたして、これほどの負担を与える言動が、「差別だと知らなかったし、悪気はなかったから問題ない」ですむものでしょうか。

▶ 差別は悪意があってなされるものだとはかぎらない

じつは、「傷つけるつもりはなかったから差別ではない」という主張は、二つの意味で反論としての意味をなしません。
　第一に、差別は悪意があってなされるものだとはかぎらないということです。いいかえると、差別全体のうち故意に「傷つけるつもり」でなされるものは一部にすぎないのです。このことをわかりやすく説

明するために、アメリカの社会学者ロバート・K・マートンが1948年の「差別とアメリカの信条」という論文で提起した分類を紹介しましょう（表1参照）。

偏見をもつかもたないかという信条の次元と、差別をするかしないかという行動の次元をかけ合わせると四つの類型が得られます。このうち、偏見があって差別をする「一貫した差別主義者」はわかりやすい差別者イメージに合致しますが、ここで重要なのは、偏見をもたなくとも差別をする「日和見型の平等主義者」の存在です。これは、目の前で差別を見かけても抗議せずに沈黙をもって同意したり、誰かが差別にあうことで結果として自分が得をするような状況があってもそれを甘受したりするようなタイプのことです。

たとえば、人種隔離が法によって定められていた時代のアメリカ南部において、「差別は間違っていると心のなかでは思いながら、他の白人から焼き討ちにあうことを恐れて、黒人へのサービスを拒絶する白人向けレストランのオーナー」はその典型事例です。日本でいうと、野口道彦氏（大阪市立大学名誉教授）がこのタイプに相当する事例として、「当人は部落出身者との結婚を望んでいるが、親や親類が強く反対すると『家族の反対を押し切ってまで結婚することはできない』と結婚を断念する人」をあげています。

偏見があろうとなかろうと、悪意があろうとなかろうと、差別に加担することはありえます。そして、結果として差別に加担してしまえ

表1　信条の次元、行動の次元

		行動の次元	
		差別する	差別しない
信条の次元	偏見なし	日和見型の平等主義者 （偏見は持たないが、差別をする人）	一貫した平等主義者 （偏見を持たず、差別もしない人）
	偏見あり	一貫した差別主義者 （偏見を持ち、差別もする人）	日和見型の差別主義者 （偏見は持つが、差別をしない人）

ば、いくら自分自身に偏見はないと言い訳をしたところで、差別をしなかったということにはなりません。

▶ 悪意があろうとなかろうと、差別された側が受ける被害に変わりはない

　第二に、差別的な言動をした側に悪意があろうとなかろうと、された側が受ける被害に変わりはないということです。おそらく、「傷つけるつもりはなかったから差別ではない」という主張は刑法の考え方に影響を受けたものでしょう。

　なるほど、近代の刑法では罪を犯す意思がなかった場合は処罰を受けないという原則になっています。しかし、それはあくまで犯意がなければ国家が処罰を与えないということであって、他人の権利や利益を侵害した事実そのものがなくなるわけではありません。民法上は、他人の権利や利益を不法に侵害すれば、たとえ過失であろうともその損害を賠償する責任を負うことになりますし、法にふれるかどうか以前の問題として、差別的な言動によって誰かに被害を与えたのなら何らかの（一般的には、謝罪と、償いと、再発防止の約束をする）道義的な責任が生じます。

　しかも、刑法においてすら、考え方が変わってきています。最高裁は2017年11月29日の判決で、強制わいせつ罪の成立に性的意図は不要とする判断を下しました。40歳男性が、13歳未満の女児に性器をくわえさせたり、裸を撮影するなどしたとして強制わいせつ罪などで起訴されたケースですが、被告は「金を借りようとした相手に要求されて撮影した」と性的意図を否定していました。しかし、かりに性的意図がなくとも、「性的な意味の強い行為として、客観的にわいせつな行為であることが明らか」である以上は「被害者の受けた性的被害の内容や程度にこそ目を向けるべきだ」というわけです。

▶ 行為者の悪意はハラスメントと直接的には無関係

　差別問題について、行為者の意図ではなく、行為の受け手の側の判断が重視されるべきだとされているのは以上のような理由からです。そして同じ理由で、ハラスメントについても、加害者の意図には関係なく、被害者側が不快になったり、尊厳を傷つけられたり、脅威を与えられたと感じる条件があるかどうかが重要だとされています。もちろん、悪意があれば悪質性が高いと評価されますが、悪意がなくとも被害がなかったということにはならないわけです。

　具体例を一つあげましょう。厚生労働省のハラスメント対策ガイドラインをはじめとして、多くの解説書に「職場のヌードポスター」が環境型セクシュアルハラスメントの代表例として記載されています。しかし、職場のヌードポスターというのは、事務所内の女性職員を性的に侮辱したり、嫌がらせをしたりする意図をもって張られる場合よりは、むしろ、女子職員のことを考えもせずに、男子職員間の一体感を高めるために掲示されている場合が圧倒的に多いようです。つまり、ヌードポスターを張った者の意図としては悪気がないケースが多いということになります。

　でも、だからといって、ヌードポスターの掲示がハラスメントにあたらないということにはなりません。女子職員のことを考えもせずに男子職員の一体感を高めようとする時点ですでに女子職員を差別しているわけですし、男女を問わず職場に性的なものを提示されるだけで不快感を覚えたり、自分が性的なまなざしの対象になっているのではないかと脅威を感じたりする職員がいれば、それは環境型のセクハラだといえます。

▶ 行為の受け手が脅威や不快を感じうる レイシャルな条件があるかどうか

　結局、ハラスメントが成立するかどうかを考えるとき、加害者側の意図は関係ありません。加害者側の意図は悪質性を評価する基準にはなりえても、悪意がなかったからといってハラスメントではないという判断にはつながらないということです。被害者側が脅威や不快を感じうる条件があるかどうかというのが重要なのですね。

　レイシャルハラスメントについても同じことがいえます。たとえば、「日本は諸外国とちがって美しい四季のあるすばらしい国だ」とか、「こんなおいしいものが食べられるなんて日本人に生まれてよかった」という発言を考えてみましょう。

　これらは、べつに外国をおとしめようという悪意などなく、素朴に国民的なプライドを表したり、日本人としての一体感を共有するために語られる場合が多いと思われます。しかし、地球上の約15％を占める温帯気候ではどこでも豊かな四季が見られるにもかかわらず、日本に固有の自然として「四季の美しさ」が語られるとき、日本以外の美しさを正当に評価しようという発想は欠けています。また、「日本人に生まれてよかった」という発言を日本人以外の人に向けて語れば失礼にあたりますし、にもかかわらずそういう発言がなされるというのはそこに日本人以外の者はいないことが前提になっている場合でしょう。

　つまり、結果として日本人以外の人々の存在を否定するマイクロアグレッションになっているわけです（次ページ、Q7も参照）。これら個々の発言はそれだけで社会通念上許容される限度を越えて聞き手の人格権を損なうとまではいえませんが、こうしたちょっとした発言が積み重なっていけば、マイノリティにとって安全な環境ではなくなり、違法なハラスメントとなりえます。

Q7
ささいなことにハラスメントだと騒ぎすぎるのは好ましくないのではないでしょうか?

▶ 被害を否定する二次加害が起きる理由

　何らかの被害（しばしば性犯罪）に対して、訴えの価値を否定しようとして「いいじゃないか減るもんじゃなし」という表現が用いられることがあります。被害者本人にとっては甚大な精神的苦痛があっても、肉体が傷ついたり経済的に損失が生じたり重い精神障害を発症したりするような有形の損害はないなら我慢しろ、という意味です。野卑な表現で被害を軽視され、被害感情まで否定されるわけですから、これほどひどい物言いはないでしょう。

　しかし、これほど卑劣な発言はそう多くはないとしても、「それぐらいたいしたことないから忘れたほうがいいよ」とか「騒ぎすぎるとあなたのほうが嫌われるよ」くらいの表現で被害を軽視しようとしたり、「あなたが何か嫌われるようないけないことをしたせいなのでは」のように犠牲者のほうに問題があったかのように非難するということは頻繁に起こります。

　どうしてそれほど頻繁に二次加害が生じるかというと、理由はさまざまです。むしろ、さまざまな理由があるからこそ、二次加害は後を絶たないと考えるべきかもしれません。

　たとえば、単純に、被害の対処に手間をとられることを忌避したいという気持ちもあるでしょう。ハラスメントに対応するには短期的に

は配置換えなどの対策を講じなければなりませんし、事実関係の調査は加害者と被害者双方の人権に関わりかねないものなので最大限の慎重さが要求されます。そのぶん、時間はかかりますし、さまざまなコミュニケーション上の配慮も求められます。

あるいは、「いいことをした人にはいいことが、悪いことをした人には悪いことが起こる」と強く信じていると（これを公正世界信念といいます）、理由もなくハラスメントの被害にあう人がいるような不正な世界を直視できなくなるという心理現象があります。そういうとき、犠牲者のほうに問題があると考えることで、不正自体をなかったことにしようとする傾向があることがわかっています（この心理現象を犠牲者非難といいます）。

そして、さらに重要な要因は、マイノリティが経験する精神的被害の大きさは、マジョリティの第三者にはなかなかわかりにくいということです。

▶ ささいなレイシャルハラスメントによる被害

何でもないことのように思われるような言動であっても、その言動に接したマイノリティ当事者は強い不快感や疎外感をいだかされる——というケースは少なくありません。

これについては多民族共生人権教育センターが外国籍住民を対象に実施した調査票調査（機縁法により収集、n=102）が参考になります。

ここで紹介する質問の内容は二つです。

(1)「組織内、顧客には日本国籍を持つ日本人しかいないことを前提として会話、事業、組織運営が行われる」体験をしたことがありますか？（「みんな同じ日本人だから〜」、「いつ日本に来たの？」、名前の記入欄が「氏名」など）

(2)「身体的、文化的な特徴を揶揄、侮辱の対象とする」体験をし

たことがありますか？（「日本語話せるの？」、「日本語、上手ですね」、じろじろ見られる、肌や毛髪に触る、隣に座ろうとすると席を離れる、「ニンニク臭い」、「そんなもの食べるの？」など）。

どちらもマイクロアグレッション（38ページ、Q5）の一種ですが、揶揄や侮辱を含む (2) は差別性がわかりやすいのに比べて、(1) は日本人しかいないことを前提にしているだけですので、差別性は一般的にいって軽いと考えられます（44ページ、Q6も参照）。

これに、「驚いた」「怖かった」「悲しかった」「何も感じなかった」「軽蔑した」「なぜそんなことを言う（する）のか不思議に思った」「仕方ないと思った」「絶望を感じた」「嫌悪を感じた」という9項目のなかから当てはまるものをすべて選んでもらいました（図2参照）。

結果をみると、差別性の強い (2) のほうが総じて否定的な情緒反応が多くなっていることがわかります。逆に、「仕方ない」と日本社会の無理解を理由にあきらめるような反応は (1) が2倍以上の値になっています。

しかしながら、「嫌悪を感じた」「悲しかった」については二つの設

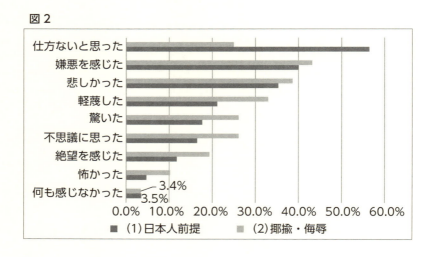

図2

問でほとんど差異がありません。また、「何も感じなかった」という回答はいずれもわずか3.5％程度しかありません。

このことは、(1) のように一見すると「ささいな問題」のように思われる無理解であっても、差別性のわかりやすい (2) の言動と同じように人を傷つけることができるということを意味しています。

発言したほうは差別的な意思がないだけに「ささいな問題」だと考える。しかし、それを聞いたほうは自分が疎外されたと感じて嫌悪感や悲しさを覚えてしまう。そんな認識のギャップが、問題の解消をむずかしくしてしまいます。

なお、米国カウンセリング学会の会員を対象とした調査によると、クライアントがかかえる「人種的体験に基づくトラウマ」の要因としてマイクロアグレッションをあげたカウンセラーが80.2％、「ひそかな人種主義的行為」にいたっては88.7％でした。「ささいな問題」だと思われがちなことがらであっても、精神の平衡を損なうほどの有形の被害を生じうるということです。

裁判でハラスメントの違法性を確定しようとすれば、社会通念上許容される限度を越えること（つまり「ささいな問題」ではないこと）を主張しなければなりませんが、そもそも「ささいな問題」かどうかの判断は、第三者（とりわけマジョリティの場合は）がそう簡単に下せるものではないという理解が重要でしょう。

Q8
マイノリティを保護するためとはいえ規制が多いと萎縮して仕事に差し支えるのではないですか？

　日本国内の組織でセクシュアルハラスメントの防止規定が整備されはじめた1990年代から2000年代初頭にかけて、「何でもかんでもハラスメントだとかいいはじめたら、部下と気軽に猥談で盛り上がったり、スキンシップをしたりできなくなるじゃないか」といった発言がしばしば聞かれました。しかし、実際はどうだったでしょうか。

▶ 会社ぐるみのセクシュアルハラスメント

　1992年の新聞記事に「宴会セクハラ」の事例が記載されています。「裸踊り。入社したての男子がやらされた」「セーラー服姿でザ・ピーナッツの歌を歌わされた」「新入社員の歓迎会で水着コンテストがあり、無理やり水着姿にさせられた」「処女当てゲームと称して、処女かどうか言わされ屈辱を受けた」「酔って野球けんの遊びに加わった。半裸になったところを写真にとられ、後で職場に配られた」、等々（朝日新聞12月23日付朝刊）。
　同記事は教訓めいた論調ではあるものの、これらが強要罪や不法行為に該当しうるという事実にまったくふれていません。どうやら、セクハラが違法になりうるという発想そのものがなかったようです。リベラル系のマスメディアですらそういう時代でしたので、いわば会社ぐるみでこうした行為が横行していた当時、変化を嫌う保守的な立場からセクハラを問題とする世論を警戒する声が出たのはある意味で自

然なことだったかもしれません。

▶ 風通しのよくなった「防止対策以後」

しかし、その後、実際に防止規定が制定され定着しましたが、そのことによって息苦しさを感じるようになったという意見はめったに聞かれません。むしろ、性別を問わず、風通しがよく働きやすい職場になったという評価のほうが一般的ではないでしょうか。いまなおセクハラを根絶することまではできていませんが、少なくとも上述のような会社ぐるみの問題は大幅に減少し、多くの労働者にとって相対的に安全な職場環境が実現したためでしょう。

また、セクハラ防止対策を警戒する物言いは、「何気ない冗談やからかい半分でやったことで加害者扱いされるのはこわい」といった架空の不安が背景にあるわけですが、その発想のなかには「これまでマイノリティ同僚はじっと黙って苦痛に耐えていたのではないか」といった視点は欠落しています。架空の不安のために現実的な被害の防止対策に反対するようでは、ハラスメントに加担していると批判されても反論はむずかしいでしょう。

▶ マイノリティだけでなく組織を守るため

くわえて重要なことは、ハラスメント対策はかならずしもマイノリティを保護するためにやるものではなく、健全な組織環境を維持するためにこそ必要だということです。というのも、上司が特定の部下に対して叱責を繰り返すと、職場全体の雰囲気が暗くなり、士気の低下を招くという研究があります。誰かが理不尽な扱いを受けている環境というのは、他の人にとっても居心地のいいものではありません。自分までそうした扱いを受けないようにと思えば、おのずと上司の感情を忖度して言動が萎縮することにもなりかねません。したがって、ハ

ラスメントの防止対策が仕事の支障になるというより、ハラスメントを放置するほうが生産性を低下させてしまうというのが学術的な知見です。

▶ 多様性が組織を強くする

このことに関連して、いくつかデータを紹介しましょう。国際的なコンサルティング会社であるマッキンゼー・アンド・カンパニーが2015年に発表した『多様性問題』という報告書によると、経営陣の人種的多様性がもっとも高い上位25％の企業と、人種的多様性がもっとも低い下位25％の企業を比較したとき、前者の財務パフォーマンスが35％も高いということがわかりました。同報告書はその理由について、①人材確保競争での優位、②マイノリティ市場を視野に含む顧客志向の強化、③従業員満足度の向上、④意思決定における創造性と革新性の向上、⑤企業イメージの改善、をあげています。

このうち①については、日本国際化推進協会が2015年に留学生を対象に実施した調査も参考になります。同調査では、「日本で働きたい」という回答はわずか2割にとどまりました。その理由として、「長時間労働」など日本に特有の就労慣行と並んで、「昇進・扱いにおける外国人差別」が高い割合であげられています。留学生といえば、国外にネットワークをもち、外国語をあやつる有能な人材ですが、それをみすみすとりこぼし、国際競争力を失っている状況が示唆されています。

また、③について、『多様性問題』は「人種や性別など多様なグループ間の摩擦を減らし、協調と就労意欲を改善する」ことだと説明しています。まさしく、ハラスメント対策が生産性を改善するということです。レイシャルハラスメントは「マジョリティ（日本の場合は日本人）ではないこと」を否定的に捉える価値観を含んでいることが

多いのですが、それはいいかえると、人種的な多様性に対する嫌悪感（つまり外国人嫌い）を克服することがレイハラ防止のためには不可欠の課題だということです。

　ところが、米国のシンクタンクであるピュー研究所が2017年10月に発表した調査報告書によると、日本人の57％は「人種的多様性は日本を住みにくい場所にする」と回答しています。前年に行われた調査によると、同じ設問に対する回答は、米国7％、英国31％、フランス24％、ドイツ31％となっていますので、日本の数値は相当に高いといっていいでしょう。

　レイハラを防止するための取り組みこそは、グローバル化する現代社会において日本企業が生き延びていくための対策につながっているといえそうです。

Q9
セクハラのように、レイシャルハラスメントにも対価型、環境型があるのですか？

　セクシュアルハラスメントに対価型と環境型があることはよく知られていますが、まずはそれぞれの違いについて説明しておきます。

▶ 不快な言動が地位の交換条件とされる対価型ハラスメント

　厚生労働省のガイドラインによると、対価型セクハラとは「労働者の意に反する性的な言動に対する労働者の対応（拒否や抵抗）により、その労働者が解雇、降格、減給、労働契約の更新拒否、昇進・昇格の対象からの除外、客観的にみて不利益な配置転換などの不利益を受けること」です。

　対価型ハラスメントの要点は、職業的地位の見返りに性的関係を強要したり、その要求が断られたときに解雇などの報復をしたりするところにあります。対価型の原語「quid pro quo」というラテン語には「交換条件」や「報復」といった意味がありますが、このタイプのハラスメントの特徴をうまくいい表していると思います。

▶ 組織環境が敵対的、脅迫的となる環境型ハラスメント

　一方、環境型セクハラとは「労働者の意に反する性的な言動により労働者の就業環境が不快なものとなったため、能力の発揮に重大な悪影響が生じるなどその労働者が就業するうえで看過できない程度の支障が生じること」を指します。

環境型ハラスメントはそれぞれのケースに程度の差が大きく、日常的でささいなものから、裁判で賠償命令が出されるような違法なものまでさまざまです。被害の大きさを評価する際の要点は、社会通念上許容される限度を越えるような脅迫や侮辱が行われていることです。いいかえると、一般的な人にとっても脅迫や侮辱だと感じられるような言動が反復していたり、程度がひどかったりすると、組織環境が敵対的だということでハラスメントの違法性が認められやすくなります。

　この二つのうち、対価型はセクハラに典型的にみられる形態です。というのも、人種、皮膚の色、宗教、信条、性別、民族的出自、年齢、性的指向、障害、遺伝情報などの特性のうち、もっとも「交換条件」となりやすいのが性的関係だからです。逆にいえば、セクハラ以外のハラスメントの多くは環境型として発生します。

▶ 対価型のレイシャルハラスメント

　とはいえ、セクハラ以外に対価型のハラスメントが存在しないかというと、そうではありません。

　たとえば、ある会社の人事部に勤める在日コリアンが社長から「今後は生粋の日本人だけを採用しなさい。そうすればあなたを課長に任命します」と言われたとします。この例においては、「人種や民族に関わる法的・倫理的な不正行為への加担」と「職業的地位」が交換条件になっているので、対価型のハラスメントにあたるわけです。そのことは、「わたしと性的な関係をもちなさい。そうすればあなたを課長に任命します」という対価型セクハラと同型の表現であることからもわかると思います。

　ほかに、「わたしが朝鮮人への差別語を用いたり嫌韓発言をするのがいやなら、この会社で働かせるわけにはいかない」というのも対価

型ハラスメントの代表的な表現です。この場合、交換条件になっているのは「差別発言やヘイトスピーチをする自由(あるいはそれを聞かされる苦痛)」と「雇用の継続」ですので、やはり対価型ハラスメントだとみなすことができます。

　また、「日本名を名乗ってくれれば雇います」というのも日本でしばしばみられる対価型ハラスメントの形態です。なお、日本名を名乗らせるというのは、Q4(30ページ)の「同化強要」型差別(33ページ)の典型です。

　これらの事例をみても理解できるように、レイシャルな要素に関わる要求と何らかの不利益を交換条件とするタイプのハラスメント、つまり対価型レイシャルハラスメントは、かならずしもめずらしいものではありません。

> ### ▶対価型レイシャルハラスメントが争われにくい理由

　にもかかわらず、実際に対価型レイハラが法廷で争われた事例は世界的にもまだほとんどありません。その理由として二つのことがあげられます。

　第一に、対価型はセクハラに固有の形態だという根強い思いこみがあるためです。上述のとおり、さまざまな保護特性のうち、不利益の交換条件としてもちだされやすいのは性的関係(だけ)です。また、商店のだんなが女中を手込めにするといった時代劇でありがちな事例を想起してもらえばわかるように、対価型セクハラには非常に古い歴史があるため、具体的な被害をイメージしやすいという面もあります。

　それに比べると、レイハラについては、レイシャルな要素が交換条件になりうる一般的なケースが想定しにくいといえます。いいかえると、何かと引き換えに「性的快楽」を強要される場面は想像できて

も、何かと引き換えに「人種的快楽」を求められることはなかなか想像しにくいということです。

　第二に、上述した二つの事例は、対価型であると同時に環境型ハラスメントでもありますので、あえて対価型として問題にする必要はないということです。どういうことかというと、一つ目の事例（生粋の日本人以外を採用させない業務命令への服従要求）は、業務命令自体が人種差別的ですので、それに服従せざるをえない状況は十分に労働者にとって敵対的、侮辱的な就労環境になりえます。

　さらにわかりやすいのは二つ目の事例で、恒常的に差別発言やヘイトスピーチにさらされるのは環境型レイハラの典型的な状況です。第一の理由から、レイハラを対価型として問題にすることはむずかしいと考えられている以上、環境型ハラスメントの条件を満たしているならそちらを裁判戦略として採用するほうが合理的だということになります。

▶ 対価型レイシャルハラスメントが高進する時代

　ただし、「対価型といえばセクハラ」という認識はそろそろ改めなければならない時代が到来しているようです。というのも、組織のなかで人種差別発言やヘイトスピーチを行う事例が増えてきており、それに異議を申し立てると、上述の二つ目の事例のように、「嫌ならやめたらいい」と辞職を勧告されるケースが出てきているためです。

　具体例を一つ紹介します。2015年8月、人種差別的な文書が職場で繰り返し配布されたことによって精神的苦痛を受けたとして、在日韓国人の40代女性が勤め先の住宅販売会社と会長に損害賠償を求める訴訟を提起しました。原告によると、2013年ごろから、会長が「韓国の国民性は大嫌いです」「うそが蔓延している民族」などと記された業務日報を全従業員に配るようになったそうです。その後、原告は

3年間ほど敵対的な環境に耐えつづけたものの、15年3月に弁護士会に人権救済を申し立てたところ、8月上旬に同社から退職勧奨されたため、とうとう提訴にふみきったという経緯です。

　筆者のもとには、2013年ごろから、学校や企業のなかで執拗なヘイトスピーチにさらされたという被害の報告があいついでいます。ヘイトスピーチがネットから現実社会へと広がるにつれて、人種差別を娯楽として楽しむような行動様式を身につけてしまった人々が公然と発言をするようになったということだと思われます。

　先に「何かと引き換えに『人種的快楽』を求められることはなかなか想像しにくい」と書きましたが、ヘイトスピーチを堂々と聞かせる快楽と引き換えにマイノリティの地位を奪わないというタイプの対価型ハラスメントは、もはや一つのありがちなハラスメントの形式になりつつあるといえそうです。

Q10
セクハラと同じでレイシャルハラスメントも上司が部下にするのですか?

▶ あらゆる人間関係のなかで起こるハラスメント

　ハラスメントには対価型と環境型があります（Q9）。そのうち、対価型は上司から部下へのように地位の格差を利用して行われますので「地位利用型」とよばれることもあります。しかし、かならずしも社内で起こるとはかぎりません。顧客優位の関係のなかでは、顧客から職員に対して発生する場合もあります。

　さらに、環境型のほうは地位とは関係がなく、組織に関わるあらゆる人間関係のなかで起こりえます。そして、レイシャルハラスメントの多くが環境型である以上、やはり上司から部下へなされるものにはかぎられません。上司から部下へ、部下から上司へ、同じ職階の職員間で、職員から顧客へ、顧客から職員へ、学校でいえば、教職員から生徒へ、生徒から教職員へ、教職員から教職員へ、教職員から保護者へ、保護者から教職員へといったさまざまな関係性のなかでレイハラは起こります。

▶ 二次加害の温床となりがちな、顧客から職員へのレイシャルハラスメント

　顧客から職員へのレイハラの事例を二つ紹介します。まず、2015年に参院法務委員会でとりあげられた在日コリアン女性のケースですが、図書館で勤務するようになってからまもなく、高齢男性が女性の

名札を見て怒鳴るような口調で「朝鮮人がよく雇ってもらえたな」などとまくしたて、その後も来館時にその職員を呼べと要求することがあったそうです。さらに翌々月には、「別の高齢男性から『なにあんた、韓国？　朝鮮？』と吐き捨てるように言われた。電話口で民族名を告げた際には、『この図書館は在日に牛耳られている』などと、妄想じみた言葉を浴びせられた」ということです（東京新聞2015年8月30日付朝刊）。

　この事例は被害もひどいですが、それにとどまらず、同僚や上司から一部利用者による「単なるクレーム」としか認識されず、「クレームはみんな頑張って対応している。あなたも頑張らなきゃ」などと励まされたというところに大きな問題があります。被害を受けた女性は、「一連の差別的な言葉自体はもちろん悲しいが、職場の同僚が差別だと分かってくれず、組織的な対策をとれないことがよりつらい」と東京新聞の記者に語っています。

　どんなに理不尽な「クレーム」であろうと、それが職務に関連した内容であれば職業的に処理することが可能ですし、またその必要がある場合も多いでしょう。しかし、この事例においては、職業的な能力や実績とはまったく無関係に、本人には変更することの困難な属性を理由として人格そのものを差別的におとしめられているわけです。その苦痛を「単なるクレーム」に矮小化するのは、差別の二次加害にほかなりません。

　上司から部下へのハラスメントはある意味でわかりやすいですし、したがって対処をしやすい面があります。しかし、この事例のように顧客から職員に向けてハラスメントが行われた場合、一般的な「クレーム」と混同されてしまってハラスメントだと認めてもらうこと自体がむずかしくなる傾向があるようです。酔客から電車乗務員へのハラスメント、男性患者から女性看護師へのセクシュアルハラスメント

などについても同じことがいえますが、とりわけレイシャルハラスメントは多くの同僚がマジョリティ日本人であるため、さらに被害が認定されにくいかもしれません。

▶ 組織としてレイシャルハラスメントに対応した事例

それに対して、次に紹介するのは、顧客からのレイハラに同僚や企業が適切に対処できた事例です。

2005年2月3日、積水ハウスに勤務する在日コリアンAさんは、同社カスタマーズセンターの職員とともに、ある顧客の男性が所有するマンションの修理などについて説明に行きました。その際、漢字やハングルで併記された名刺をさしだすと、顧客は「おまえは何人や。(名刺に記載されたハングルを指して) これどういう意味や。どういうこっちゃ」「ようこんな名刺出すなあ」「おまえの戸籍の名前はどれや。国籍は」「これはスパイの意味やないか。朝鮮総連の回し者か。北朝鮮に金なんぼ程送ってんねん。おまえのような人間がいるから拉致の問題が起こるんや。拉致被害者の所へもこんな名刺を持っていけるのか」「こんな名刺出すんか」などと発言したということです。

同行したカスタマーズセンターの職員が、「今回の修理の話とは関係ないでしょ。今そのお話いっしょにしないといけませんか」と述べたにもかかわらず、顧客は、「積水ハウスという看板(社名)とこの(ハングルの)名前を一緒に載せるとは喧嘩を売っているのか。これは挑戦状やないか。ようこれで商売するな」と攻撃的な発言を重ねたそうです。こうしたやりとりが約2時間も続けられたあと、やむなくAさんが「日本名に変えるようにします」と言ったところ、被告は「それ常識やないか」と述べた——というのが訴状に記された事実関係の概要です。

たいへん深刻なレイハラの場面ですが、この事例において特筆すべ

きことは、同社カスタマーズセンターがこの事態を「従業員が業務上に受けた差別発言であり重大な人権侵害である」と認識し、さまざまな対処を行っていることです。謝罪を求めるためにカスタマーズセンターの支店所長が顧客に面会の約束をとるべく電話をしたり（これは顧客から拒否されましたが、その際にも顧客は所長に対して持論を一方的に主張したということです）、カスタマーズセンターから顧客との面談を希望する書面を送るなど、被害者任せにせずに会社として対応を行っていることがうかがえます。

　さらに、翌年7月にAさんが「差別発言で傷つけられた」として慰謝料と謝罪広告の掲載を求めて大阪地裁に提訴した際にも、積水ハウスは「雇用管理や社会的責任の観点から支援していく」として、訴訟費用の負担や、裁判に出席する間を勤務時間と認めるなどの措置をとりました。くわえて、この事件が報道されるや、インターネット上ではすさまじい量のヘイトスピーチが投稿され、積水ハウス、原告、原告代理人いずれもがデマ混じりの中傷と名誉毀損の被害を受けましたが、積水ハウスはそうした攻撃に屈さず毅然とした態度をとりつづけました。同社がいうとおり、労働者の保護のみならず、企業の社会的責任という観点からも、一流企業としてのあるべき姿を社会に示した理想的なモデルケースだといえます。

　ハラスメントは、組織に関わるあらゆる人間関係のなかで起こりえます。なかには顧客から職員へのハラスメントのようにわかりにくいケースもあります。しかし、職務上での権利侵害は許されないという原則さえ理解されていれば、適切に対処することはむずかしいことではありません。そして、その原則は、マイノリティを守るだけでなく、安全な組織環境の実現を通じて、すべての人に利益をもたらすでしょう。

Q11
ヘイトスピーチとレイシャルハラスメントはどう違うのですか？

▶ ヘイトスピーチ解消法

　2016年6月に施行されたヘイトスピーチ解消法によると、ヘイトスピーチは「差別的意識を助長しまたは誘発する目的で、生命、身体、自由、名誉もしくは財産に危害を加えると告げたり、著しく侮蔑するなどして、日本人でないことを理由として地域社会から排除することを扇動する不当な差別的言動」とされています（一部、仮名遣いを修正）。

　新しくこの法律をつくらなければならなかった理由は、既存の法律（侮辱罪や名誉毀損罪）は誰か特定の個人が被害にあった場合にしか適用できないため、たとえば朝鮮人一般、中国人一般のように不特定多数がターゲットとなる差別扇動表現については問題にすることがむずかしかったためです。

▶ ヘイトスピーチ／ヘイトクライム／レイシャルハラスメントの区別

　では、「ゴキブリ朝鮮人を東京湾に叩き込め」のようなヘイトスピーチを、特定の在日コリアン個人に向けて叫ぶような行為をなんとよぶか。欧米のメディアにおける表現を先に紹介すると、それはレイシャルハラスメントやヘイトクライム（あるいは人種的虐待など）とよばれます。

ここでヘイトクライムという言葉について説明しておきましょう。ヘイトクライムとは、人種、民族、宗教、性的指向など特定の属性をもつマイノリティに対する偏見や差別意識を動機とする犯罪行為のことです。犯罪の背景に差別的な動機がある場合、犯行がエスカレートしやすく被害が重くなる傾向があります。そのうえ、誰か他の人が被害にあったときでも自分自身がいつターゲットになるかわからないという恐怖をマイノリティにいだかせるため、社会秩序に与える悪影響が大きいのですね。そのため、ヘイトクライムに対しては、抑止効果を高めるために通常の犯罪よりも罰則を重くしたりする立法措置がとられている国もあります。

　表2は主として米国のメディアにおける用法を中心に言葉の使い方を整理したものです。不特定多数を対象にした差別扇動表現をヘイトスピーチというのは前述のとおりです。ただし、差別落書きのように刑法（日本でいう建造物損壊罪）にふれるものはヘイトクライムとよばれることもあります。

　一方、特定個人に向けられた差別扇動表現については、それが刑法（脅迫や暴行など）に抵触するかどうかによってよび名が変わり、警察が刑法にふれると判断した事案はヘイトクライムと報道され、そうでない場合はレイシャルハラスメントと表記されます。

　ようするに、刑法にふれることを強調する場合はすべての差別扇動表現をヘイトクライムとよぶが、そうでない場合は不特定多数に向けられたものをヘイトスピーチ、特定個人をターゲットにしたものをレ

表2　差別扇動表現の呼称

		被差別対象	
		特定個人	不特定多数
抵触する刑法	あり	ヘイトクライム	ヘイトクライム／ヘイトスピーチ
	なし	レイシャルハラスメント	ヘイトスピーチ

イシャルハラスメントとするのが米国のメディアでの一般的な用語法ということになります。

ちなみに、英国では1994年に故意のハラスメントが違法化されましたので、法にふれるかどうかという意味ではヘイトクライムとの差異がなくなっており、「レイシャルハラスメントやヘイトクライム」のように併記される場合が少なくありません。またそもそも英国ではヘイトスピーチが刑法によって規制されていますので、すべてをひっくるめてヘイトクライムとよぶこともあります。

▶ 日本における用語法の現状

では、日本の場合はどうか。日本は欧米と異なり、ヘイトクライムの量刑を加重するような法制度を備えていません（量刑段階で考慮されることはありえますが実定法がありません）。また、英国にみられるような、ヘイトスピーチを規制する法律も、故意のハラスメントに刑事罰を与えるような法律ももっていません。つまり、ヘイトクライム／ヘイトスピーチ／レイシャルハラスメントという言葉の使い分けに法的な裏づけがありません。

しかも、ヘイトクライムという言葉はまだ市民権を得ているとはいいがたく、レイシャルハラスメントにいたってはいまのところ（2017年12月現在）ほとんど流通していません。そのため、不特定多数を対象にしたものであれ、特定個人を対象にしたものであれ、また刑法にふれるようなものであれ、区別なく差別扇動表現をヘイトスピーチと総称しているのが現状です。

▶ ヘイトスピーチ裁判

この状況を象徴するのが、差別的な発言で名誉を傷つけられたとして、在日コリアンのフリーライター李信恵（リシネ）さんが「在日特権を許さな

い市民の会（在特会）」を名乗る差別扇動団体と通称「桜井誠」前会長を相手取って損害賠償を求めた訴訟です。

　2017年6月19日の控訴審判決は、桜井被告が「朝鮮ババア」と発言したことなどを侮辱と認定し、「人種差別と女性差別との複合差別にあたる」と結論づけました。この事件で問われたのは特定個人を対象とした差別扇動表現ですので、米国などの用語法に従えば「レイシャルハラスメントとセクシュアルハラスメントの複合被害」とでもよぶべきところですが、控訴審判決を受けて新聞各紙は「ヘイトスピーチで在特会が再び敗訴」と報じました。

　原告や原告の支援団体もこの裁判を「反ヘイトスピーチ裁判」とよんではいましたが、原告の李信恵さんは差別扇動デモ参加者からつばを吐きかけられたり暴行を受けたりする被害まで受けており、けっして侮辱的な暴言だけを受けてきたわけではありません。そうした有形の被害はこの裁判の争点に含まれていなかったとはいえ、「ヘイトスピーチ」という言葉だけが報道でクローズアップされる状況が続けば、実際に生じている多様な被害が矮小化されることになりかねません。

▶ 日本におけるヘイトスピーチ概念の功罪

　日本では2013年に「ヘイトスピーチ」が流行語大賞トップ10にあげられたように、非難されるべき差別扇動表現の名称としてヘイトスピーチという言葉がすでに定着しています。その結果、ヘイトスピーチという言葉を用いることによって、「ここに非難されるべき差別扇動があり、救済されるべき被害が生じている」という事実を告発しやすくなりました。

　その反面、差別行為や刑法にふれるような振る舞いまでヘイトスピーチ問題の一環として論じられるような場面が多くなったため、さ

まざまな有形の被害が生じていても「表現」による無形の被害にしか注目されないという弊害が生じています。

さまざまな被害を一緒くたにするような概念的な混乱を避けるためにも、差別扇動表現を特定個人に向けることがハラスメントになるという理解を普及させるためにも、ヘイトスピーチとレイシャルハラスメント、そしてヘイトクライムは区別して用いるほうが好ましいでしょう。そして、そのためには、①差別行為を包括的に禁止する法律、②差別を動機とする犯罪の量刑を加重するヘイトクライム法、③故意のハラスメントを禁止する法律などを制定することが必要です。

▶ レイシャルハラスメントと表現の自由

最後にひとつ、このテーマについてたいへん重要な論点を追加しておきます。「米国では表現の自由が重視されているためヘイトスピーチも法的に保護されており、したがって会社組織のなかでマイノリティに向かって差別発言をしてもそれだけでは違法とはされない」——そんな主張をみかけることがあります。「だから日本でも差別発言を法で禁止するのは間違っている」というニュアンスのある主張です。

たしかに米国では憲法修正第1条で表現の自由が定められており、欧州各国と比べると広範に表現が保護されています。しかし、関連する判例群が扱っているのはいずれも不特定多数に向けたヘイトスピーチであって、組織のなかでの特定個人をターゲットにしたものではありません。

組織のなかでの差別発言が悪質もしくは反復継続的な場合、公民権法第7編に違反するハラスメントだということで毎年たくさんの賠償命令が出ています。また、ニューヨーク州など大多数の州で、英国と同様、故意のハラスメントを禁じる刑法を定めています。さらに、学

校におけるハラスメントにいたっては連邦レベルで違法とされています。

つまり、米国には不特定多数に向けたヘイトスピーチを禁じる法律はありませんが、個人に向けられた差別発言を禁じる法律群はあるということです。

ひるがえって、日本ではどうか。繰り返しになりますが、公民権法のような差別禁止法もありませんし、ハラスメント禁止法もありません。差別動機によって行われた犯罪の量刑を重くするヘイトクライム法もありません。ヘイトスピーチ解消法はありますが、ヘイトスピーチに対する罰則規定がありません。つまり、人種差別を禁じる法的基盤が極端に乏しいというのが日本の現状です。

にもかかわらず、米国にヘイトスピーチを禁じる法律がないということだけをもって、日本で人種差別を禁じるためのあらゆる立法措置が必要ないと主張するのは、何重にも間違っているわけです。

残念ながら、日本では法律の専門家ですらこうした誤りを認識していない人がまだまだ多数派のようです。こうしたゆがみを是正するには、まず事実を正確に認識し、誠実に議論することから始める必要があります。

Q12
そもそも日本に人種差別なんてあるのですか？

▶ 人種差別は「米国の問題」か

　米国では、排外主義的な政治姿勢で知られるドナルド・トランプ氏が大統領選への出馬を表明した2015年からヘイトスピーチが増加し、さらにトランプ氏が大統領に就任した2016年からはヘイトクライムも全米で増加しました。

　そうした事態を報道する日本の記事のなかには、「人種差別は日本ではなじみのない問題だが、ここアメリカではいまも国論を二分しかねない病巣だ」といった趣旨の記述がしばしば見られました。筆者も授業や講演のなかで差別について話をすると、「人種差別というとアメリカなどにある問題ですよね。日本にはそういう被害がなくてよかった」というコメントが返ってくることがよくあります。日本社会には「日本人」とは異なる人種が相対的に少なく、したがって「人種差別はない」と思っている人が多いようです。

　なるほど、米国と違って日本では、人種差別による殺人事件の件数はとても少ないですし、ひどい人種差別がきっかけとなった暴動事件というのも過去半世紀間に一度もみたことがありません。そうした目立つ事象を比べると、日本に人種差別がないという印象を受ける人が多いのも無理のないことかもしれません。しかし、日本に人種差別そのものがないという意見に対しては、次の二つの理由で間違っている

といわざるをえません。

▶ 日本にもレイシャルな多様性がある

　第一に、日本では、人種といえば白人（コーカソイド）、黒人（ネグロイド）、黄色人種（モンゴロイド）の3区分という理解が一般的ですが、これは20世紀前半までの人類学で支持されていた古い学説にすぎません（25ページ、Q3も参照）。この古い区分に従えば、日本にたくさん住んでいる韓国・朝鮮人や中国人は日本人と同じ黄色人種なので、かりに差別があっても「民族差別」であって「人種差別」ではない、ということなのでしょう。

　しかし現在の用語法では、レイシャルな要素に基づく差別を総称して人種差別とよびます。たとえば、人種差別撤廃条約において、人種差別は「人種、皮膚の色、世系または民族的もしくは種族的出身に基づくあらゆる区別、排除、制限または優先」（傍点は筆者）と定義されています。こちらに従えば、韓国・朝鮮人を対象とする差別も人種差別ということになりますし、実際に京都朝鮮学校を狙ったヘイトスピーチが裁判で人種差別にあたるとして損害賠償を命じられています。

▶ 世界ではとうに禁止された古い人種差別が日本では野放し

　第二に、世界の多くの国々では人種差別を禁じる法律が整備されているため、就職差別や職場での差別待遇、入居差別、商店の入店拒否などについては違法行為として取り締まりの対象となります。しかし、日本にはこれらの人種差別を禁じる国内法がありません。

　そのため、法務省が2017年に発表した外国人住民調査によると、41％が「日本人の保証人がいないことを理由に入居を断られた」と回答していますし、「外国人であることを理由に就職を断られた」とい

う人も25％にのぼるなど、入居差別や就職差別は相当程度に蔓延していることがわかります。

　つまり、日本には人種差別がないどころか、世界の多くの国々ではもはや違法化されてほとんどみられなくなった古くて典型的なタイプの人種差別が、いまも野放しのまま横行しているわけです。

▶ 人種差別を差別と認識できない状況

　以上の２点を踏まえると、日本には人種差別がないのではなく、人種差別が目の前で起こっていてもそれを人種差別と認識することができていないだけだと考えるほうが、実態に即しています。これを被害者側からみると、現実には差別がひどく横行しているというのに、それを社会が差別だと認めてくれない状況だということになります。

　こうした状況では、被害者は、ただ差別と闘わなければならないだけでなく、差別の被害に対する訴えを否認する圧力にも抵抗しなければなりませんので、二重にしんどい負担を背負わせられることになります。そう考えると、日本の人種差別には、米国よりもむしろタチの悪い側面があるといえるでしょう。

▶ 人種主義（レイシズム）とは

　ところで、人々の優劣を生む要因は無数にありうるにもかかわらず、レイシャルな特性によってそうした優劣が本質的に生じていると単純化するような価値意識を人種主義（racism）とよびます。最近はカタカナでレイシズムと書くことも増えてきました。

　日本で人種主義といえば人種差別と同じ意味だと捉えられることが多いようですが、海外での用法は少し違います。身近な例をあげるなら、「日本人以外にはアパートに入居させない」というのは多くの国で法的に禁じられている人種差別ですが、「日本人でなければ部屋を

汚したり多人数で住んだり入居ルールに違反したりする」などと考えたり、「日本人かどうか」というレイシャルな属性を入居審査の基準に用いることがすでに人種主義ということになります。ようするに、何らかの問題を人種・民族のせいにしてしまうことを人種主義というわけです。

▶ 公人によるヘイトスピーチ

　日本では、人種主義が公の場で吐露される事件が少なくありません。たとえば、石原慎太郎氏が2001年に、「残忍な犯罪手口が中国人の民族的DNAのなかに組みこまれている」という趣旨のことを産経新聞のコラムに書いたことがあります。残忍な犯罪という問題を文化的、遺伝的に中国人という人種のせいにしているわけですから、まさに、人種主義の表現です。

　人種主義を公言するのは典型的なヘイトスピーチですので、このコラムは日本におけるヘイトスピーチの嚆矢としてしばしば専門書のなかで言及されてきました。しかし、このコラムが発行された当時、それを人種主義だとかヘイトスピーチだという根拠で批判する日本のマスメディアはほとんど存在しませんでした。

　つまり、（下品ではあっても）単なるイチ意見にすぎないとして許容されてしまったわけです。ここにも、現実には問題がひどく横行しているというのに、それを社会が問題だと認めていない状況をみることができます。

　公人がメディアに語っても問題だと批判を受けなければ、その種の人種主義的な発言が公的にお墨付きを受けたかたちで日常的な生活場面にも流布していくことになります。トランプ大統領誕生後にヘイトスピーチやヘイトクライムが増加したというのはその一例です。

　日本ももちろん例外ではありません。2002年ごろからヘイトスピー

チが増加し、とうとう2013年には「ヘイトスピーチ」が流行語トップテン入りしてしまいました。

　人種・民族的なヘイトスピーチがマイノリティ個人に向けられればそれはレイハラです。レイハラの被害を減らしていくためには、人種差別や人種主義の存在をきちんと認識することが重要です。

第2部
具体的な被害事例

Q13
具体的にどういう事例があるのですか?

▶ 日本におけるレイシャルハラスメント調査

　多民族共生人権教育センターがレイシャルハラスメントについて独自の調査を行ったうえで、以下のような被害パターンを紹介しています（順番は入れ替えました）。

　（1）人種、民族、国籍に係わる属性を理由に人事、給与面において不利益扱いを行う。

　（2）職場での会話や飲み会などのイベントから仲間はずれにする。

　（3）人種・民族的な出自に関連した批判的、攻撃的、侮辱的言動を行う。

　（4）身体的、文化的な特徴を揶揄したり侮辱したり他者化したりする。

　（5）日本国籍を持つ日本人しかいないことを前提として会話、事業、組織運営が行われる。

　（6）出身国の問題について、あたかも責任があるかのように追及する。

(7) 本人の意思に反して人種的属性を公表したり問いただしたりする。

(8) 不適切対応による二次加害。

▶ 人種差別

(1) のような待遇格差は多くの国で人種差別として禁止されていますが、日本ではまだそうした法律が制定されていません。その意味では相対的に日本に多いタイプの被害だといえるかもしれません（73ページ、Q12参照）。

法務省が2017年3月に公表した外国人住民調査によると、国籍によって差はありますが、過去5年間に仕事を探したり働いたりしたことのある対象者のうち2〜3割がこの種の被害を経験しています。

なお、外国出身の社員が通訳の役割を集中的に担わされることがしばしばあります。しかし、日本の企業ではあらゆる業務をこなす総合的なスキルが昇進の際に重視されますので、通訳業務しか任せられなかった社員は結果として昇進が遅れる傾向があります。これも、意図的ではないにせよ、人種隔離とよばれる差別の一種です。

(2) も人種隔離の一種です。退勤後の私的な飲み会であれば話は別ですが、公式の懇親会によばないということがあればハラスメントになりえます。また、勤務時間中は、たとえ私的な会話であっても恒常的にそこからマイノリティだけを排除する状況があればハラスメントだとして問題になりかねません。

▶ 差別的な発言

(3) はようするに一般的な差別発言ですのでわかりやすいでしょう。

(4) は明確な悪意をともなわないこともあるマイクロアグレッショ

ン（38ページ、Q5参照）の一種です。たとえば、日本で生まれ育った外国人と会議などで意見が対立したとき「あの人は外国人だから考え方が違う」と意見の相違をルーツのせいにしたり、平均的な日本人と同等以上の日本語能力をもつ外国籍者が文書で変換ミスをしたときに「外国人だからしかたがない」などとことさらルーツに結びつけて評価したりする言動が相当します。

　（5）もマイクロアグレッションの一種ですが、「みんな同じ日本人だから」と日本人（あるいは大和民族）しかいないことが自明であるかのように前提とされたり、日本で生まれ育ったのに「いつ日本に来たの？」と問われたりする体験がこのカテゴリーに含まれます。（3）や（4）に比べるとさらに悪意の自覚をともなわないことが多いといえます。

　この種の言説は、多くの場合は無自覚に、日本人でなければ正当なメンバーではないはずだという想定を含んでいます。しかし、日本社会には定住外国人もいますし、日本国籍をもつ人種・民族的マイノリティもいます。そうした非日本人にとって、日本人しかその場にいないことが当然の前提のように話されると、それだけで、非日本人である自分の存在も、レイシャルなプライドも、非日本人としてこの社会でまっとうに生きてきたという経験も、すべて丸ごと否定されることになります（44ページ、Q6～7も参照）。

　アイヌ民族否定論（35ページ）はこのタイプのレイハラの特殊ケースです。

　（6）もマイクロアグレッションの一種です。ドイツ政府が発行しているハラスメント防止ガイドラインにわかりやすい事例が載っています。「私がイスラム教徒だという理由だけで、ドイツ人の同僚たちは私がイスラムの専門家だと思いこんだり、『なぜ突然難民がたくさんドイツに来るようになったのか』のような問いに答えられると期待

する。まるで、私が政治的な出来事の犯人であるかのように」

　日本でいえば、たとえば在日コリアンの社員に向かって、「北朝鮮ってひどい国だよね。あなたはあれをちゃんと批判しなければ、日本にいる資格ないと思うよ」などと発言するようなケースです。ここまで排斥的な言葉遣いであればハラスメントであるとわかりやすいですが、何気ない時事問題をめぐる雑談であっても、それがルーツに関する非難を含む場合はレイハラになりえます。

▶ 自己決定権の侵害

　(7)は人種的属性というプライバシーを公表するかどうかについて、自己決定権が侵害されるケースです。米国のハラスメント防止ガイドラインには、人種的属性を尋ねるだけでハラスメントになる可能性があると記載されています。とりわけ、本人が出自を隠しているのに第三者が勝手に明かしてしまうのは、アウティングとよばれる権利侵害です。

　また、「早く日本国籍を取ったほうがいいんじゃない？」というのもよくある発言ですが、たとえ善意とはいえハラスメントになりえます。「早く結婚したほうがいいんじゃない？」という発言は代表的なセクハラとされていますが、それとまったく同型です。日本国籍でないことの不利益を「仕方がないこと」だとみなしたうえでの発言ですし、そもそも個人の人生に関わる重要な決定について第三者がどうこういえる筋合いはありません。

▶ ハラスメントの訴えを否定したり反発したりする二次加害

　そしてこれらのうち、ある意味でもっとも重要なのが(8)の二次加害です。上司としてはただ訴えを見過ごしただけであっても、被害者としては二度も加害を受けたかたちになりますし、しかも組織がハ

ラスメントを正当化したことになるため、一般に被害感情はたいへん強くなります。

　問題は上司だけではありません。ハラスメントの訴えを聞いた人が「考えすぎでは？」と否定したり、「結局は金目当てだろう」などと中傷したりすることも少なくありません。

　こうした二次加害は、法的にも組織としての責任が大きくなりますので、訴訟のリスクも高まります。労務管理上は最優先で取り組むべき課題でしょう。

Q14 出自に関連した批判的、攻撃的、侮辱的言動なんて本当にいまでもあるのですか？

▶ 否定された社会進化論

　1960年代なかばぐらいまで、世界中の多くの人々が「科学技術とともに社会が発展すれば将来的には人種や民族、宗教のような非合理的なものは消失し、差別もなくなるはずだ」という物語を信じていました。市井ではいまでも人気のある考え方で、たとえばカナダのジャスティン・トルドー首相が、2015年の内閣発足時に閣僚を男女同数にした理由を問われて「2015年だから？」と回答したのも、社会が十分に発達した21世紀の現在には差別など意味をなさないと考えるべきだという含意だったのでしょう。

　しかし、残念ながら学術的にはこの考え方はほぼ完全に否定されています。というのも、日本を含む世界の多くの地域で人種や民族、宗教は社会的な重要性を失うどころかますます活性化していますし、それらに基づく差別もなくならずにむしろ復活してきているためです。

　「ほっておいても差別はいつかなくなる」という想定は、それを信じるだけで不快感が軽減される、とても都合のいい空想にすぎなかったといってもいいでしょう。現実には、差別に対抗するためには具体的に法や制度を整備し、ハラスメントを防止する対策を講じる必要があります。トルドー首相の発言も、そのための不断の努力を行った成果だというメッセージと解釈すべきかもしれません。

▶ 出自に関連した批判的、攻撃的、侮蔑的言動の事例

　さて、「出自に関連した批判的、攻撃的、侮蔑的言動」は、言葉によるレイシャルハラスメントのなかではもっとも明確な差別感情をともなうため、悪質性がわかりやすい形態です。多民族共生人権教育センターが行った調査（78ページ、Q13参照）から、いくつか具体的な被害報告を紹介します。

1. 営業の男性が（大阪市）生野区の顧客との電話で、「まいど行かせてもらいます」といって電話を切ったあと、私に「なんで、おれがあんなキムチくさいところ行かなあかんねん」と同意を求めてきた。
　　　　　　　　　　　　（在日コリアン／韓国・朝鮮籍／卸売業）
2. 当時よく言われたのが「外人」「エセ日本人」「ペルーに帰ったら」など。会社の上司ではなく他社との合同プロジェクトのリーダーの人だったため訴えることもできず、とにかく耐えるしかなかった。
　　　　　　　　　　　　（日系ペルー人二世／重国籍／建築業）
3. 会社が中国やその他の外国での仕事が多い為、中国人は～、ドイツ人は～、アメリカ人は～などの差別発言はものすごくあります。特に中国に対する見下した感覚はものすごくあります。雑談のなかでも出てきますし、中国は反日だからとあからさまに言う人もいらっしゃいました。　　（在日コリアン／韓国・朝鮮籍／デザイン）
4. 名刺を出したら名前を一瞥して、「俺、チョン嫌いなんだよね」と言われた。学生時代、朝鮮学校の生徒が云々とか言っていたが「知らんがな」という感じでした。
　　　　　　　　　　　　（在日コリアン／日本国籍／マスコミ）

　いずれの事例も言動のなかにわかりやすい敵意や侮蔑が含まれてい

るので、こうやって並べてみると差別性は一目瞭然です。

▶「私たち」を同化するための差別

ただし、この種の言動を評価するときに気をつけなければならないのは、差別性が明らかだからといって、かならずしも被差別対象を直接的に傷つけようとしているとはかぎらないということです。

たとえば、1の事例は通称名（日本名）を名乗っている方の報告です。営業の男性は1の方を傷つけようとして発言したというよりも、1の方の出自を知らないまま、「われわれ日本人であればキムチ臭いやつらのことを嫌いだという感情を共有できるよな？」と、いわば日本人としての仲間意識をもととしての軽口だったと思われます。その場に当事者がいないと思いこんでいるからこそ、気軽にこれだけひどい発言をすることができるわけで、もしかすると、自分の発言が差別的だという自覚すらなかったかもしれません。それでも、言われたほうは「怒り」と「悲しさ」を感じていますし、「嫌だった。やっぱりと思った」と述べています。

3は本名（民族名）を名乗っている方のケースです。これだけ差別的な発言がとびかっている職場でありながら、回答者は「私個人に対しての明らかなレイハラ」は体験したことがないと述べています。やはり、マイノリティを直接的に傷つけるためというよりも、むしろ当事者がいないと思いこんでいるからこそ気軽に攻撃的な発言ができてしまうという構図です。この時の体験について、回答者は「痴漢にあったと同じような感じでしょうか。一瞬、硬直してよく事態がわからない。ただその場をやり過ごすことだけしかできませんでした」と述べています。「私個人」が直接的なターゲットにならなくとも、日本人以外の人種・民族を紋切り型にはめて否定的に語ることで日本人同士が一体感を高め合うような風土は、それ自体がマイノリティに

とって安心していられる環境ではないということです（112ページのモーガン対ホールズ・オブ・グロスター裁判も参照のこと）。

　1と3のような事例は、発言者の意図に注目してしまうと、「故意に傷つけようとしたわけではなかった（ので免責されるべきだ）」という議論に陥りがちです。しかし、ハラスメントはかならずしも加害者の意図によって引き起こされるものではありません（44ページ、Q6参照）。重要なことは、行為の受け手側が不快になったり、尊厳を傷つけられたり、脅威を与えられたと感じる環境になっているかどうかです。

　ハラスメントの被害を減らすためには、そのことが、すべての組織の構成員に十分に周知されている必要があります。とりわけ、被害にあう可能性のあるマイノリティには日ごろから組織として丁寧に事情を聴取するなどの対応が望まれます。というのも、上記の四つの事例のうち、被害者が上司などに相談したのは2のみであり、残りの3例は泣き寝入りで終わっています。

　誰にも相談しなかった理由は明らかでないものの、たとえば1の方は出自が曝露されるような報復を恐れたということかもしれません。ハラスメントの告発に対して報復的取り扱いを禁じる規定が整備されていなければ、そのように判断したとしても無理のないことです。組織全体として、軽微な段階から被害を被害として前向きに受け止め、適切に対処したうえで再発防止を講じるような風土をつくりあげていくこと。そうした地道な取り組みがハラスメント軽減のために求められます。

Q15
ジョークとして出自を一度からかっただけでもハラスメントになるのですか?

　おそらく、この質問は、①冗談なのだから悪気があるわけではない、②たった一度の過ちを責められては気楽に話をすることもできない、という二つの認識を前提にしていると思われます。

▶ レイシャルなジョークはレイシャルハラスメントの代表例

　しかし、悪気があろうとなかろうとハラスメントは成立します（Q6参照）し、たった一度といえども深刻な被害を与えることはあります。また、「たった一度ジョークをいっただけ」という人が組織のなかにたくさんいれば、言われたほうにとっては「組織のなかで何度も繰り返し出自をからかわれた」ということになりますので、上記の2点は前提として正しくありません。

　一度からかっただけで不法なハラスメントとして損害賠償の対象にまでなるかというとケースバイケースですが、ジョークがハラスメントにあたるかどうかということでいえば、むしろ典型的な形態の一つだということができます。職場での猥談（わいだん）が環境型セクシュアルハラスメントの代表格とされているように、レイシャルなジョークもハラスメントになりえます。

▶ 公立中学校での事例

　ある公立中学校に通う在日コリアン生徒が、北朝鮮に関する否定的

な報道が増えたとき、他の生徒から「おい、キム・ジョンウン」とからかうように呼びかけられたというケースを考えてみましょう。出自に関わるあだ名（金姓であれば「キムチ」など）で揶揄すること自体が代表的なレイハラですが、さらにこのケースでは日本において悪名高い為政者になぞらえているわけですから、かりに軽いジョークのつもりだったとしても、発言が攻撃的な影響を与えることは明白です。しかし、保護者からクレームを受けるまで、教師らはこれがレイハラにあたると気づきませんでした。

学校での被害事例をあと二つ紹介しましょう。

▶ 米国の高校での事例

テキサス州ヒューストンの高校でのこと。代数の授業中に教師がアメリカ生まれのイスラム教徒の女子生徒に「きっと悲しいだろう」といいました。生徒がぽかんとして「何のことですか？」と尋ねると、教師は「あなたの叔父さんが死んだと聞いたからさ」と返答したのです。それでやっと、テロリストとして名指しされてきたオサマ・ビン・ラディンが殺害されたニュースのことだと気づいた生徒は、大声を上げて泣きました。他のクラスメートから抗議を受けた教師は、「あぁ、わかったわかった」といって、薄ら笑いをうかべ、クスクス笑いながら歩き去ったということです。この教師は、その後、学区教育委員会の規則によって停職となりました。

▶ 米国の小学校での事例

もう一つ米国の事例ですが、小学校の授業で「出身地の名産品を紹介する」という課題がとりあげられました。児童が順番に次々と発言し、コロンビア出身の児童の番がきたとき、教師が「麻薬？」と発言しました。巨大な麻薬組織をかかえるコロンビアから米国に大量の麻

薬が密輸入されていることはみんなよく知っていたため、教室中が大爆笑となりました。しかし、コロンビア出身の児童は出身国を愚弄されたことに猛烈に怒り、教師は懲戒処分を受けることになりました。

▶ ジョークがレイシャルハラスメントになる理由

　ここで紹介した三つの事例は、いずれも「出身国の問題ついて、あたかも責任があるかのように追及する」（78ページ、Q13参照）タイプのレイハラです。すべて一度きりのジョークですが、言われたほうの子どもは深刻な被害を受けました。その理由を整理してみましょう。

　まず、ジョークで笑いを共有できる「仲間」として扱われず、自分だけが「他国の代表」として線引きをされたということがあげられます。これは、心理学や社会学で「他者化」とよぶ差別の一形態です（34ページ参照）。発言一つで「自分たちとは違う他者だ」と一方的かつ恣意的に規定されるわけですから、仲間はずれにされたほうは当然、疎外感をいだかされます。

　また、国籍や出身国という属性だけを理由として、自分が笑いものにされたということも重要な理由です。自分には容易に変更することのできない属性を理由として不利に扱われるというのは差別そのものです。理不尽なことですが、異なる属性をもつこと自体は事実ですので、とっさには反論できずに悔しい思いを強いられることが少なくありません。そうした場合、表に出せなかった被害感情は心の奥に沈殿することになります。

　そして、出身国の「問題」を一部だけきりとって、あたかもそれがすべてであるかのように愚弄されるわけですから、出身国に対する愛着とプライドは傷つけられることになります。

　ジョークを口にした人と、それに同調して笑った人たちにとっては単なる笑い話にすぎなくとも、言われたほうにとってはこれだけ多様

な被害を受けることになるわけです。とりわけ、上の3番目の事例のように誰も自分の被害感情に共感してくれない場合、笑われたほうのマイノリティにとってその場所はもはや傷つけられずに安心していられるところではなくなってしまいます。その居心地の悪さこそが、英米の法律でハラスメントの構成条件となっている「敵対的な環境」です。

▶ 悪意のあるレイシャルなジョーク

くわえて、ここまでの話はジョークを発した人には悪意がないことを前提にしてきましたが、それにも留保が必要です。環境型ハラスメント（セクシュアルなものであれレイシャルなものであれ）について、「最初はちょっとしたジョークだったが、しだいにそれが頻繁になり、内容もエスカレートしていった」という報告が多いことを考えると、ジョークには潜在的な悪意を引き出したり、より深刻な加害行為に踏み出すための心理的なハードルを引き下げたりする効果がありそうです。

じつは、1番目の例にあげた「おい、キム・ジョンウン」という発言については、後に教員が加害生徒に詳しく話を聞いたところ、「イライラしたことがあったのでつい感情をぶつけてしまった」と語っています。傷つけようというなんらかの衝動があって、レイシャルなジョークが用いられたということです。

この件が放置されていれば、のちのち、民族差別的ないじめへとエスカレートした可能性もあります。はっきりとした悪意の自覚をともなわないからこそ、より大きな危険をそれと気づかずに招き寄せてしまう効力があるとすれば、「ただのジョーク」だからと無視してよいものではないでしょう。

ハラスメントには、違法とまではいえない軽微なものから、賠償責

任が認められるようなものまで、たくさんのバリエーションがあります。軽微だから、一度だけだから、といった理由で「なかったこと」にしてしまえば、エスカレートしたあげくに取り返しのつかない被害を生むこともあります。被害者に寄り添うかたちで、一つひとつの事案に丁寧に接していくことが重要です。

Q16
仲間はずれのつもりはなく、ただ外国人を区別しただけでもハラスメントですか？まったく同じに扱うと同化の強要だとして批判されることがあるようですが

　マイノリティを「違うように扱う」と差別になる場合と、「同じように扱う」と権利侵害になる場合とがあるため、判断に迷うということなのでしょう。これはとてもよく聞く質問です。混乱しやすいように思われるかもしれませんが、シンプルな原理をきちんと理解すれば何もむずかしいことではありません。

▶ **マイノリティを「違うように扱う」差別**

　マイノリティを「違うように扱う」と差別になるのは、大きく分けて二通りの場合があります。
　第一に、同じ仲間として参加しなければ利益の分け前に格差が生じてしまうような場合です。たとえば、ある催事をみんなと一緒にこなさないと昇進がむずかしくなるような状況があるとき、「外国人にまでこのイベントに付き合わせるとかわいそうだ」とか「外国人にはこの仕事はむずかしそうだ」などの理由づけで参加の機会そのものを奪ってしまうようでは、一見すると思いやっているようでいながら、実際にはマイノリティにだけ不利益を強いていることになります。Q4（30ページ）の区分でいえば「排除」（32ページ）にあたります。
　第二に、マイノリティを「われわれ」とは異なる存在だと恣意的に規定することによって資格を制限する場合です。「外国人は退勤後の付き合いを嫌がるというじゃないか」という配慮から、本人の意思を

尋ねもせずに、職場のみんなが参加する飲み会に誘わないというようなケースがそれにあたります。マイノリティをあらかじめ「われわれ」とは異なる存在だと決めつけること自体が、Q4の区分でいう「他者化」の差別（34ページ）に相当します。

どちらの場合も、かならずしも仲間はずれにする明確な意思はないのかもしれませんが、結果として不利益を与えたり、勝手に区別すべきだと決めつけているところが問題です。

▶ マイノリティを「同じように扱う」差別

一方、マイノリティを「同じように扱う」ことで権利侵害になるのは、そのマイノリティが違うように扱ってもらわなければ困るという独自のニーズをもっている場合です。Q4の区分でいえば「同化強要」（33ページ）にあたります。

独自のニーズというのは、この社会がマジョリティ（＝普通の人々）にとってだけ都合がいいようにつくられていて、そのままではマイノリティにとって生きにくい要素があるときに生じます。

たとえば、米国の金融や保険会社では女性に「自然な長髪」でいるような服務規定を設けている場合があります。ところが、生まれつき縮毛の黒人は、わざわざお金を払って縮毛を矯正しなければ就職することすらできないということになります。これは白人の職員しか想定していないことによる間接差別です（英国では間接差別を禁じていますので、このような服務規定は違法となります）。したがって、生まれつきの髪を大切にしたい黒人たちは、服務規定を改正するか、少なくとも生まれつきの髪については例外を認めてほしいというニーズを訴えています。米国の最高裁はまだこの訴えを聞き入れていませんが、将来的にはそうしたニーズを知りながら訴えを無視するとハラスメントだと解釈されるようになる可能性があります（繰り返しますが、英国はす

でにそうなっています)。

▶ 混乱するのはマジョリティの都合しか想定していないため

　ようするに、「違うように扱う」ことでマイノリティが不利になる場合は「同じように扱う」べきだし、逆に、「同じように扱う」ことでマイノリティが困る場合は「違うように扱う」べきだというだけの話なのです。したがって、マイノリティだけが一方的に不利益を被ることがないようにと考えていけば、「違うように扱う」べき場面と「同じように扱う」べき場面を迷うことはぐっと少なくなるはずです。

　マジョリティ側にとってこの違いがわかりにくいのは、「違うように扱う」ことで差別になる場合と、「同じように扱う」ことで権利を侵害する場合とは、形式的にはまったく逆の扱いをしているようでいながら、どちらもマジョリティにとって都合のいい扱いだという意味では同じことだからです。

　いろいろともっともらしい理由づけはなされても、マイノリティが不利益を被る状況で「違うように扱う」理由は、結局のところ、「同じように扱う」ことが面倒であったり、「同じように扱う」ことで競合相手が増えることを忌避したいという動機が隠れているからです。そして、マイノリティのニーズを無視して「同じように扱う」のも、「違うように扱う」ことが煩わしかったり、「違うように扱う」ためのコストの支出を回避したいという目的があるからです。どちらの場合も、意思決定の基準はマジョリティの利益だという意味では一貫しています。

▶ 構造的に特権を得ているマジョリティ

　こういうと、「どうしてマイノリティのことをそこまで優先して特別に配慮してあげなければならないのか」と疑問を感じる人もいるよ

うです。しかしそれは話が逆で、社会というものは多数派の人々／力をもつ人々が使いやすいようにとつくられていくため、マジョリティは自然に生きているだけですでに利益を得られる構造になっているのです。

あまりにも自然にそういう特権を享受しているうえ、たくさんの人々でその特権を少しずつ分け合っているため、まるで特権などない自然な状態であるかのように感じてしまいがちです。しかし、マイノリティはいつでもどこでも恒常的に不利益を被る理不尽な状況におかれてしまいがちなので、理不尽な状況を免れようとすればいつも特別な努力を強いられつづけます。

たとえば、民族教育を例にとってみましょう。民族教育とは所属する民族的集団の言語や歴史、民族文化などを習得する過程をいいます。日本人は公立学校においてこれらを無料で学習することができます。あまりにも当たり前のように民族教育を受ける権利を享受しているため、自分たちが受けている教育が民族教育であるという事実に気づいていない人が圧倒的に多いほどです。

現代社会においては、自民族に対して健全なプライドと愛着を感じることは人格形成において重要なことだと思われていますので、日本人が日本の学校で民族教育を受けること自体には何の問題もありません。問題なのは、日本の教育制度が、日本人以外の民族集団にとっての民族教育をいっさい認めていないということです。

その結果、日本の学校で教育を受ける民族的マイノリティは、相対的に、健全な人格形成を阻害される危険性がありますし、それを避けようとすれば民族教育のために多大なコストを支払わなければなりません。にもかかわらず、「どうしてマイノリティにだけ民族教育を保障しなければならないのか」などと民族教育の権利を否定するような発言をすれば、ハラスメントだと批判されかねません。

Q16 仲間はずれのつもりではなく、ただ外国人を区別しただけでもハラスメントですか？ まったく同じに扱うと同化の強要だとして批判されることがあるようですが。

本人の責任ではない生まれつきの属性によってこうした不平等が生じることを現代社会は許していません。社会の各層において、人々はそうした不平等を是正する責務を負っています。そのためにマイノリティだけが一方的に不利益を被ることがないようにする工夫が必要なのです。

Q17
アジア人だけでなく白人もハラスメントにあうのですか?

▶「白人と違ってアジア人だから差別する」という言説

　日本で人種差別が糾弾される文脈では、「差別者はアジア人のことを悪く言うが、同じことをしていても白人のことは悪く言わない」としばしば語られます。実際にも両者で扱いを違えるダブルスタンダードが少なくないものですから、白人であれば日本でまったく差別にあうことがないかのように思っている人もいるようです。

　しかし、正確には、「アジア人」と「白人」とでは経験する差別の種類が異なる、と表現するべきでしょう。というのも、日本においてはいくら白人が相対的に厚遇される傾向があるといえどもマイノリティであることに変わりはなく、後述するようにさまざまな差別の被害を受けているからです。

▶侮蔑を受けるアジア人、遠ざけられる白人

　図3は法務省外国人住民調査（2017年）から、各種の被差別体験が「ある」（「よくある」と「たまにある」の合計）という回答の比率を「米・英・露」「韓国・朝鮮」「その他」について示したものです。主観的な回答ですので、このデータがそのまま客観的な被害実態の格差を反映しているとはいえませんが、ある種の傾向を理解するうえで参考になります。

図3

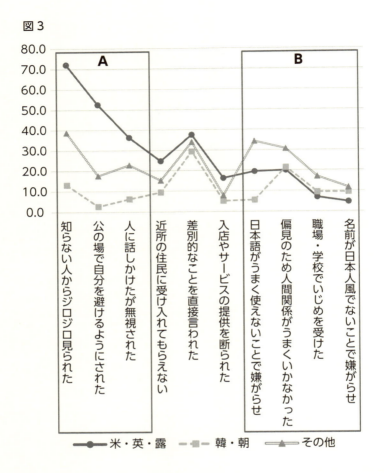

　図中の四角い囲みAは、白人が多い「米・英・露」出身者の値がとくに高い項目群で、「ジロジロ見られた」「避けるようにされた」「無視された」など、関係を遠ざけようとするタイプの被害で構成されています。Q4（30ページ）の区分における「他者化」（34ページ）ないし「排除」型の差別（32ページ）です。
　Bはアジア人の多い「その他」出身者の値が相対的に高い項目群で、「嫌がらせ」「いじめ」「偏見」など侮蔑感情にさらされるタイプ

の被害からなっています。Q4の区分における「見下し」型の差別（32ページ）です。

　このデータを「米・英・露」についてまとめるなら、侮蔑感情をぶつけられるような経験は相対的に少ないけれども、見た目の違いや言葉が違うという思いこみなどからガイジン扱いされて遠ざけられることが多い、もしくは、日本語がうまく使えないと決めつけられたりすることで、社会関係そのものから疎外されてしまう傾向がある、ということになりそうです。

▶ 白人をルーツにもつ人へのレイシャルハラスメント

　このことを、多民族共生人権教育センターが行った調査（78ページ、Q13参照）からも確認してみましょう。いずれも少なくとも片方の親が欧米出身者というミックス・ルーツで、人生の大部分を日本で過ごしてきた方の回答です。

1. 上司に名前（姓名ともに日本名）を紹介されたとき、顧客のAさんが私の顔をみて、上司に「え？　日本人？」と確認した。私は苦笑いをし、「よろしくお願いします」とネイティブレベルの日本語で挨拶をしたらAさんはまた上司に「え、日本語しゃべれるの？」と、改めて確認した。普通に日本語を話しているのに、私自身に話しかけるのではなく、毎回日本人の上司に確認をしたことをあまりにも失礼に感じた。　　　　　（父日本・母ドイツ／重国籍／サービス業）
2. 漢字変換ミスがあると「日本人じゃないからしかたない！」などとからかわれる。　　（ドイツ・中国・日本のミックス／日本国籍／事務）
3. 上司が私を顧客に紹介する際「こんな顔してますが日本語はペラペラですので、ご安心下さい」

（父日本・母カナダ／日本国籍／マーケティング）

4. 社内でのミーティング中、ただ意見が合わないだけで「アナタは半分ガイジンだから考え方が違う」と言われた。　　　　　　　　（同上）
5. 社内の飲み会で「やっぱガイジンの男がいいんだろ？」と何度もしつこく言われた。　　　　　　　　　　　　　　　　　　（同上）

　1～3は、日本語ができないに違いないという思いこみから遠ざけられたり、他者化されたりする被害です。3については、むしろ部下が顧客から他者化されないようにと善意から冗談めかして紹介したつもりなのかもしれませんが、職業能力ではなく属性をクローズアップすること自体が好ましくありません。「女ですけど／年はいってますけど／障害はありますけどご安心ください」と紹介されて嬉しいかどうか考えてみればわかることだと思います。

　4（および2）は何らかの「問題」をことさら出自と絡めて否定的に評価するタイプのハラスメントです。「問題」といっても客観的に職務上のミスや欠点を諭すのであればレイハラにはなりませんが、この場合、ミスや欠点をことさら「日本人」との違いとして論及し、からかったりやりこめたりすることが特徴です。出自を否定的な「問題」だとしてとりあげるわけですから、典型的なレイハラだといえます。

　5はセクハラとの複合差別です。レイハラとセクハラは単独で発生しても深刻な被害を生じることがありますが、両者が合併したときにはひときわひどくエスカレートする傾向があります。

　以上のデータをまとめると、やはり、見た目の違いや言葉が違うという思いこみなどのため、社会関係そのものから疎外されてしまう傾向があると結論づけられるでしょう。アジア人と比べると、相対的にチヤホヤされるようなこともありますが、むしろチヤホヤされるということ自体が「聖化」型の差別（33ページ）だともいえます。

Q18
日本のレイシャルハラスメントに固有の特徴はありますか？

　国によってハラスメントの法的な定義は違いますが、ハラスメントそのものの現れ方には、どの国や地域の事例をみても共通点が多いようです（78ページ、Q13も参照のこと）。ハラスメントは差別の一形態ですので、もともと差別の現れ方に人類的な普遍性があるということだと思われます。

▶ ターゲットに選ばれやすいのは誰か

　とはいえ、国や地域ごとに違いがないわけではありません。まず、ターゲットに選ばれやすい集団が異なるということがあげられます。これは、それぞれの国や地域で歴史的に差別対象として選ばれてきた対象が異なるためです。

　たとえば、英国においてはポーランドなど中東欧系の移民は伝統的に差別の対象とされてきましたが、日本では中東欧系の人々に対する偏見がほとんどないので英国人もポーランド人もおなじ「白人」として扱われます。また、米国ではスペイン語を母語とする中南米系移民はヒスパニックとよばれ差別されることがありますが、日本ではただの「米国人」ないし「白人」とされることでしょう。逆も同じことで、日本人は韓国・朝鮮人を差別することがありますが、米国に行けば日本人も韓国・朝鮮人も同じ「アジア人」とひとくくりにされがちです（38ページ、Q5参照）。

▶ 植民地主義と人種主義

では、なぜそれぞれの国や地域で歴史的に差別されがちな対象が異なるかといえば、その理由の一つは植民地の歴史がそれぞれ異なっているからです。というのも、ある国が別の国を植民地として支配をした場合、宗主国の人々の間に、服属した国民に対して軽侮する感情が生じるという普遍的な傾向があります（これを「植民地主義」とよびます）。

こうした軽侮の感情は、公式に植民地として支配した場合だけでなく、実質的に属国として影響力を行使するような場合にも生じます。また、公式の植民地支配が終わっても、軽侮の感情はずっと長い間残存するということも経験的にわかっています。

英国で東欧系に対する差別感情が強まったのは大英帝国の拡張期ですし、米国でヒスパニックに対する差別感情が生じたのもプエルトリコが米西戦争によってアメリカに併合されてからのことです。そして日本で韓国・朝鮮人への差別感情が生じたのも、実質的な支配が始まった1904年ごろからのことです。

2001年にダーバンで開催された「人種主義、人種差別、外国人排斥及び関連する不寛容に反対する世界会議」で、「植民地主義が人種主義、人種差別、外国人排斥および関連のある不寛容をもたらした」と宣言された背景には、こうした歴史的事実があるわけです。

▶ 人種主義をあおる「反日」言説

いま引用したダーバン宣言のなかに「人種主義」（73ページ、Q12参照）という言葉がありましたが、この人種主義の現れ方にも、国や地域によって違いがあります。より正確にいいなおすと、どこの国や地域でも移民などの「脅威」が強調されるときに人種主義が発動する傾

向があるのですが、「脅威」の語られ方に国や地域ごとの違いがあるわけです。

　たとえば、欧米の多くの国々で、「移民がやってくると国民から仕事を奪ってしまう」という競争的脅威がしばしば語られます。しかし、日本では、外国籍住民が日本人と職を奪いあった歴史がないせいか、こうした言説はあまりみられません。ISSPという有名な国際比較調査でも、「外国人が国民から仕事を奪っている」という質問に対して、日本は北欧諸国と並んで「そうは思わない」という回答が多い国の一つです。

　一方、日本では、「反日」が強調される場面で人種主義のスイッチが入ると指摘されています。朝鮮近現代史を研究している板垣竜太さんによると、「レイシズムのスイッチを入れた『反日』の中身は、そのときどきの歴史状況によって異なりますが、その作動の仕方には共通性」がみられるというのです。

　三一独立運動（1919年）あたりから「朝鮮人を無法なテロリストと捉え、それに怯えたうえで、排斥するぞとすごむ、そのような力をもった言葉」として「不逞鮮人」が登場し、関東大震災のときには虐殺を支えた。終戦後は「闇市や列車内での不正・不法行為と結びつけられ」た「三国人」という言葉が脅威として用いられ、人種的憎悪をばらまいた。50年代初頭の朝鮮戦争のころには、在日朝鮮人を「アカ」（共産主義勢力の支持者）とみなして朝鮮学校弾圧を支持する報道がなされた。1980年代には指紋押捺拒否者に対して「日本で反日運動するな」のような脅迫状が届くようになった——というわけです。

　図4は新聞記事データベースで「反日」を含む記事件数を1992年1月から2017年12月まで集計したものです（2005年は中国での「反日デモ」に関わる記事が突出して多かったためグラフから省いています）。一見して、年々ゆるやかに増加していることが理解できるでしょう。各

図4 新聞紙上の「反日」を含む記事件数

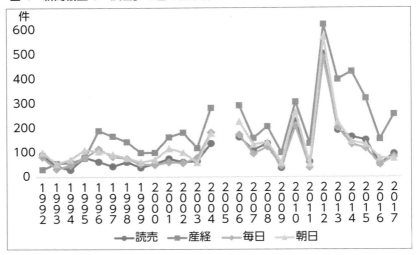

年の記事件数を全紙で合計した値と刊行年の相関係数を算出すると統計的に有意な値を示します。日本の言論機関が年々「反日」というスイッチを多用するようになってきている状況がうかがえます。

　私もツイッターなどで日本における差別を告発するようなことを書いたとき、「日本のことは好きですか」とか「そこまで反日的にならなくても」というコメントが寄せられることがあります。私は自分が生まれ育ち、子どもたちが生きていくこの社会を少しでもよくしようと思って書いていることですが、私の民族性と「反日」をつなげて考えてしまう人たちがいるということです。日本的なレイハラだといえるでしょう。

Q19
日本人へのレイシャルハラスメントもありますか?

　結論から先にいえば、日本人同士でレイシャルハラスメントが起きることもありますし、在日外国人から日本人がレイハラを受けることもありえます。以下に詳しく説明します。

▶ 差別は社会全体の非対称性を捉えるための概念

　差別というのはもともとマクロな（つまり社会全体を理解するための）概念です。つまり、ある属性をもつ人々がその属性をもつというだけで不当な扱いを受ける社会構造が成立していることを指して「差別」とよぶわけです。

　世界人権宣言（1948年）の第2条に「すべて人は、人種、皮膚の色、性、言語、宗教、政治上その他の意見、国民的もしくは社会的出身、財産、門地その他の地位またはこれに類するいかなる事由による差別をも受けることなく、この宣言に掲げるすべての権利と自由とを享有することができる」とあるのは、これらの属性については不当な扱いを受ける社会構造が歴史的に成立していると広く認められているからです。逆にいうと、「はじめに」やQ6（44ページ）で紹介した黒塗りメイク（ブラックフェイス）問題が日本では差別だと認識されにくいのは、日本で黒人を揶揄・侮蔑するために黒塗りメイクを用いるような社会構造が成立したことがないと思われているためです。

　そういう社会構造の結果として具体的な個人が権利を侵害されるこ

とを差別とよぶこともありますが、いくら個人が権利を侵害されてもその背景に上述のような社会構造がなければ差別として扱われることはありません。

　日本社会でいえば、日本人の利益を守る法や制度、文化や慣習がたくさんある一方、民族的マイノリティの利益を守るための社会の仕組みはとても限定的です。こういう、権力関係が非対称な状況においては、民族的マイノリティはさまざまな不利益を被る傾向がある（73ページ、Q12参照）のですが、マジョリティである日本人にはその事実や理不尽さを認識することがなかなかむずかしいのですね。そこで、こうした構造的な不利益を認識しやすくするために「差別」という用語が必要になるわけです。

　したがって、日本社会全体を議論する場合、日本（人）による民族的マイノリティへの権利侵害は差別とよばれますが、民族的マイノリティによる日本人への構造的な権利侵害は差別という扱いにはなりません。そして、そもそも、社会全体としてみたときには、民族的マイノリティによる日本人への構造的な権利侵害は存在しません。かりにマジョリティである日本人が集団としてそういう目にあっていれば、日本が実質的な植民地にでもなっていないかぎり、日本社会は即刻それを解消するべく制度を改正する力を備えているからです。

▶ 部分社会では非対称性が逆転することもある

　しかし、これはあくまで社会全体の構造に注目したマクロな次元での話であって、企業や学校などの小集団、あるいはミクロな（つまり具体的な顔の見える個々人の）レベルの人間関係のなかでは、力関係が逆転することもあります。そういう逆転した力関係のなかでは、民族的マイノリティによって日本人が継続的に（あるいは単発でも深刻な）権利侵害を受けるという事態も起こりえます。俗に、「逆差別」とよ

ばれる事象です。

　また、こういう、局所的に逆転した力関係のなかでは、「受け手が望んでいない、攻撃的、侮辱的、有害だとわかる不快な言動」のターゲットに日本人がなるというケースもあります。すなわち、レイハラです。

▶ 白人女性がレイシャルハラスメントを受けた事例

　いくつか、米国の事例を紹介しましょう。まず、2012年にハワイ州カウアイ郡が12万ドル（約1300万円）の支払いをするということで和解したケースですが、ハラスメントを告発したのは郡の検察局に勤務する地方検事（白人女性）でした。検察局の幹部が白人女性に対して繰り返し過小評価するような発言をしたうえ、「もっと土地の文化に同化するべきだ。いまの恋人（白人男性）と別れて、土地の若者と付き合うべきだ」などと発言したそうです。

　白人が人種差別を受けたと訴える場合、白人は米国ではマジョリティですので、非白人が訴える場合に比べて問題の事象が本当に人種に基づくものであるかどうか慎重に審議されますが、このケースでは雇用機会均等委員会（EEOC）が合理的な証拠をみつけたことで被害が認定されました。

　次に、2009年に大手ハンバーガーチェーン店であるジャック・イン・ザ・ボックスが2万ドル（約220万円）の支払いで和解したケース。訴えたのはテネシー州ナッシュビル店に勤務する白人女性です。数名の黒人の同僚から卑猥な差別用語で嫌がらせを受けつづけたあげく、黒人男性とのあいだに子どもを身ごもったことを知られたときにもののしられた、というものです。経営者に被害を訴えたにもかかわらず何の対応もとられなかったため、裁判となりました。

　この二つのケースはレイシャルハラスメントが問われた裁判です

が、告発したのはいずれも女性であり、被害の内容にセクシュアルハラスメントも含まれているところが特徴的です。人種に注目すればどちらも被害者は白人ですが、性別からいえばマイノリティにあたるということがハラスメントを誘発する条件になったといえるでしょう。

なお、二つ目のケースのように、異なる人種・民族・国籍間での恋愛や結婚関係がある場合、ハラスメントを受けるリスクは高まります。日本でも、在日コリアンと結婚した日本人が「在日扱い」されて陰口を言われたりすることがありますし、子どもが民族差別的ないじめにあえば自分自身がハラスメントを受けたのと同様の被害感情をいだかされることになります。

▶ 白人男性がレイシャルハラスメントを受けた事例

白人男性が被害にあったケースもあります。カリフォルニア州サンバーナーディーノ市で市が保有する施設管理作業の管理職として雇用されたエドワード・ノートン氏は、1995年に雇用されて5年間は一定の高い評価を得ていました。

しかし、人事異動で上司がメキシコ系のアルトゥーロ・デルガード氏に変わって状況が一変しました。デルガード氏が率いる新体制はメキシコ系をひいきする縁故主義が激しく、管理職の資格をもたないメキシコ系職員を昇進の筆頭にあげたり、スキルの低いメキシコ系業者を優遇するなどの不正が始まりました。

ノートン氏がそのことに対して苦情を漏らしたことから差別とハラスメントが繰り返されるようになり、そうした状況が2年も続いた後、理由も告げずに休職に追いこまれました。それで訴訟を提起することになり、一審と控訴審でレイハラと人種差別の事実が認められ、市と上司に対して53万ドル（約6000万円）の賠償命令が下されました。

このケースを理解するための背景として重要なことは、米国においてビル清掃や樹木剪定(せんてい)などの施設管理業は中南米系の従事者が多く、とりわけ南カリフォルニアでは寡占状態に近いということです。特定の組織や業種において、マジョリティ／マイノリティの人口比が逆転するような状況では、マジョリティがレイハラを受けるリスクは高くなるといえます。

Q20
レイシャルハラスメントだということが わかりにくい事例を教えてください

　ハラスメントと一口にいっても、社会通念上許容される限度を越えるような（いいかえると裁判で賠償命令が出されるような）違法性の高い事象から、ちょっとした無理解に起因する何気ない不愉快な言動までさまざまなバリエーションがあります。

　前者だけを規制すればいいという考え方もありますが、「社会通念上許容される限度を越えるかどうか」の判断は容易ではありませんし、後者であっても常態化すれば違法性が高くなります。安全な組織環境を実現しようとすれば、さまざまなバリエーションをできるだけ網羅的に把握したうえで、研修などを通じて幅広く抑制する必要があります。その意味で、「わかりにくい事例」を学ぶことには実践的にたいへん大きな意義があります。

　問題の言動がハラスメントだとわかりにくくなるのは、加害者側に悪意が自覚されていない場合、攻撃対象が間接的な場合、攻撃性が文脈から構成される場合、攻撃性が二次的な場合、などです。

▶ 加害者側に悪意が自覚されていない場合

　誰かの言動が、軽い揶揄を含みつつもからかい半分であったり、ある種の親愛の情を表すためのものであったりしても、言われた側には結果として小さくない傷を負わせてしまうという状況はしばしばみられることです。セクハラでいえば、結婚しない同僚をしつこくから

かったりする行為はこの代表格といえます。レイシャルハラスメントについても同じで、ことさらレイシャルな特徴をとりあげてジョークにするとか、出身文化を面白おかしく茶化すといった行為は、加害者側には明確な悪意がないまま、受け手の側には被害を与える場合があります。

たとえば、黒人にルーツがあるスポーツ選手が活躍するたびに「野生の本能だ」などと表現される事例を考えてみましょう。形式的にはむしろ褒めるための表現（Q4〈30ページ〉の区分における「聖化」〈33ページ〉）ですので、加害者には悪意がないことのほうが多いと思われます。しかし、懸命に努力して達成したパフォーマンスを、たんに生まれついた人種のせいに矮小化されては、不快に感じられることもあるでしょう。しかも、能力を人種と本質的に結びつけてしまう考え方そのものが人種主義（73ページ、Q12参照）にあたります。世界的に「黒人は肉体的には優れているが知的には劣っている」という偏見は根強いのですが、こうした偏見も人種主義の産物です。弊害は小さくありません。

にもかかわらず、この種の言動は、はっきりした悪意がないからこそ、自制されずに延々と続いたり、エスカレートしたりする傾向があり、みんなが笑っている場の雰囲気とは裏腹に、非常に悪質性が高い側面があります。

▶ 攻撃対象が間接的な場合

本人のレイシャルな特性を直接的にけなすのではなく、①別のマイノリティが攻撃されるさまを見聞きさせられるとか、②レイシャルな特性に関連する何かを否定する言動を当事者に投げかけるというタイプのハラスメントがあります。

①の事例として、ある著名な在日コリアンについてデマ混じりの誹

謗中傷を語ったあげく、「わたしはあんな反日は嫌いだ」などと、在日コリアンの同僚に向かって発言した、というケースを考えてみましょう。直接には「著名な在日コリアン」を攻撃しているだけですが、その人に対する誹謗中傷が在日コリアンに対する差別を集約したものである以上、それが別の在日コリアンに向けて発言されただけでもハラスメントになりえます。

なお、英国での事例（モーガン対ホールズ・オブ・グロスター裁判、2011年）ですが、ある倉庫会社の運転手（黒人）が、自分自身も人種差別的な発言を受けていたものの、それ以上に、もう一人の別の黒人職員がしばしば人種差別的な発言にさらされていたことが耐えられずに辞職し、ハラスメントだと訴えました。判決は、「発言の一部は本人に向けられたものではなかったが、尊厳を傷つける効果があったと合理的に考えられる」として、会社側に賠償命令を科しています。

②については、「出身国の問題ついて、あたかも責任があるかのように追及する」（Q13〈78ページ〉、Q15〈87ページ〉参照）というのが代表的なパターンです。

たとえば、「韓国で反日教育をやっていることについてどう思う」と在日コリアンに尋ねるケースを考えてみましょう。加害者としては、べつに「あなたは反日感情をもっている韓国人だから付き合えない」などと直接的に主張しているわけではありません。形式的には、あくまで攻撃対象は韓国であって、在日コリアンである「あなた」ではないわけです。したがって、加害者は「たんに事実について意見を尋ねただけだ」と考えていることも多いでしょうし、第三者からみても加害性はわかりにくいと思います。

なお、実際にはどうかというと、韓国において戦前の日本による権利侵害については批判的な教育が行われていますが、現代日本の社会や文化、日本人総体を否定するような教育は行われていません。より

正確には、1990年代くらいまでは教師が現在の日本に対しても批判的なことを言うことがままあったようですが、現在の韓国ではもはやそういう事例を聞くことはほとんどありません。

つまり、「韓国で反日教育をやっている」という前提そのものがデマに近いものであって、事実ではありません。言われたほうとしては「デマ混じりのゆがんだ認識をぶつけられたあげく、勝手にその一員にされ、ルーツごと否定しなければ排除するぞという脅しを受けた」かのような感情をいだかされかねない発言となります（101ページ、Q18も参照）。

▶ 攻撃性が文脈から構成される場合

本書では字数の都合からレイハラの事例として単一の発言を紹介することが多いですが、実際には、言動の背景知識が差別的であって言動そのものは差別的でない場面も少なくありません。文脈が重要な事例を一つ紹介します（ロケットニュース24、2017年12月11日付）。

> 女性：「すみません。あなたは間違った列に並んでいると思うのですが。こっちは優先搭乗者の列なので通してください」
> エミットさん：「優先ってファーストクラスのことですよね？」
> 女性：「そうですけど……。私達が乗った後に、あなた達が呼ばれるはずよ」
> エミットさん：「（女性の顔にファーストクラスのチケットを突き付けながら）正しい列に並んでいるので落ち着いてください。俺は先に並んでいるんですから、その後に搭乗できますよ」
> 女性：「（信じられないといった様子で）きっと軍に在籍しているか何かなのね。でも私達は席の料金を払っているのだから、あなたは待つべきよ」

エミットさん：「太りすぎてて軍には入れないね。俺は、たんに金を持ってるニガー（黒人の蔑称）ってだけだ」

　この会話の場合、女性は「怠惰で貧乏な黒人がファーストクラスに乗れるわけがない」という差別的な背景知識を前提とした発言を繰り返していますので、個々の発言のなかで差別表現を用いているわけではありませんが、やはりハラスメントにあたります。

　むしろ、意図的に差別表現を使っているのは黒人であるエミットさんです。黒人同士では親しみをもって"Nigga"と呼びかけあうことがありますが、この場合は黒人同士での用法ではありません。「あなたは、ニガーなんて貧乏に違いないという差別的な考えをもってるんでしょ」という指摘を効果的に伝えるためにあえて差別的な表現を用いているわけです。このやりとりのあと、列に並んでいた人たちから拍手が起こったそうですので、エミットさんのメッセージは見事に伝わったようです。

　もう一つ、北海道大学アイヌ・先住民研究センターが行った調査のなかから該当する事例をあげておきます。

　D（女性・札幌・壮年）は中学2年生になるまでむかわに住んでいた。むかわで過ごした小学時代には、「コタンに住んでいる」「アイヌだ」などといじめられ、石をぶつけられることもあった。そして中学2年生で札幌に転校し、中学校では自分から友達にアイヌだと言ったことはなかったものの、「普通の人と顔立ちが違う、他の子より毛深い」などと言われるようになった。「アイヌの血筋なの？」と聞かれ、「アイヌだったら友達にならないの？」と問い返したことがある。友達は「そんなことはない」と言っても、結局、授業でアイヌのことが出たときに一緒になって馬鹿に

して笑っていたという。

「アイヌの血筋なの?」という問いだけをとりだせば、単純に事実を尋ねているだけだと考えることもできるでしょう。しかし、一定の年齢以上のアイヌは、毛深いという身体的特徴を揶揄される差別の被害を幅広く体験しており、とりわけ女性は強いコンプレックスを植え付けられたといいます。そうした文脈の知識を前提とすれば、身体的特徴と結びつけて「アイヌの血筋なの?」と問うこと自体が差別になりえます。

くわえて、授業でアイヌのことが出たときにクラスのなかからばかにした笑いが出るという状況そのものがレイシャルハラスメントです。教員は侮辱的環境をうみだした責任を問われるべきでしょう。

▶ 攻撃性が二次的な場合

一つ目の発言ではハラスメントかどうか確定していなかったのに、その発言がハラスメントになりうると伝えられたあと、そのことに激しく反発した二つ目の発言でハラスメントが確定してしまう、というケースがあります。このようなケースも、文脈全体からハラスメントが構成されるため、一つひとつの発言をみても攻撃性がわかりにくいという問題があります。

たとえば、在日コリアンが「バカチョンカメラ」(バカでもチョンでも使える簡単なカメラ)という発言を聞いたとき、「チョンという言葉は長いこと朝鮮人に対する差別語として使われてきた経緯があるから、目の前でバカチョンカメラという言葉を使われるのはちょっと嫌だったりするんですよ」と柔らかく指摘することがあります。差別発言として糾弾するためではなく、知人には自分が受けてきた差別の体験や在日コリアンに対する差別の歴史を知ったうえで配慮してほしい

という希望を伝えるためです。

　ところが、そう指摘されたとき、「差別するつもりなんかなかった。気にしすぎなんじゃないの？　思いこみがひどいと嫌われるよ」などと強く反発してしまう人がいます。しかし、強く反発してしまうと、結果として、当事者が「バカでもチョンでも」と侮蔑されてきた経験と被害の歴史を否定する二次加害を犯してしまうことになります。

　また、最初の発言（バカチョンカメラ）を聞いたときは「悪気がないならしかたがない」と思っていても、二次被害にさらされたときには、最初の発言にさかのぼって被害感情が生じることもあります。「これだけ強く反発するということは、最初から差別発言であってもかまわないと思っていたということか」という判断につながるためです。そのような場合、被害者側は２回のハラスメントを受けたのと同様の感情をいだかされます。ところが、加害者側にはまだ一度もハラスメントをしたという自覚がありませんので、この認識のギャップが問題をこじらせる原因となります。

　ハラスメントだという訴えを否定するのが第三者であっても問題の構図は同じです。ハラスメントではないと否定された側はハラスメントを追体験して強い被害感情をいだかされる一方、否定した側はただ意見を述べただけのつもりですので加害性を自覚することはむずかしいわけです。

　一般に、最初の加害よりも、その加害性を否定される二次加害のほうが、被害感情は大きくなりがちです。その意味でも、ハラスメントの訴えを安易に否定するのは重大な二次加害になりかねないと研修などで周知することが重要です。

Q21

わかりやすいレイシャルハラスメントなのに否定された事例を教えてください

　安全な組織環境を実現するためには二次加害を防ぐ必要があるため、Q20の「わかりにくい事例」とあわせて、「わかりやすいのにハラスメントとして問題化されなかった事例」を知ることにも意義があります。ここでは、肉体的な暴力を含むケースを二つ紹介します。

▶ 肉体的な暴力を含むレイシャルハラスメントの事例

　一つ目は、10歳の時に台湾から渡日した女性Bettyさん（24歳）のケースです。Bettyさんは大阪中華学校で日本語と中国語を学んだのち、中学校から日本の中学校に通いました。2014年に調理師専門学校を卒業すると同時に給食の会社に職を得ましたが、そこで①不平等な人事、②同僚からの暴力をともなういじめ、③ハラスメントの訴えに対する不適切対応、という3種類のハラスメントを体験し、わずか2カ月で退職することになりました。

　同期入社はBettyさんを含めて調理師が2名、栄養士が4名の計6名でした。日本人の同期5名は1カ所で集中して学んだのに対して、Bettyさんだけは同時に3カ所を回って仕事を覚えなければならない環境におかれました。しかも、同期入社のもう一人の調理師は調理師としての職務を任せられていたのに対して、Bettyさんは栄養士の仕事を担当させられました。

　複数の職場に精通しなければならないという過重負担と、専門性の

異なる職務に担当させられる不利な人員配置が重なったため、約1カ月ほどが経ったころ、Bettyさんは「覚えが悪い」という否定的な評価を受け、配属を2カ所に減らされることになりました。その後の経緯は『外国人問題のいま』(部落解放・人権研究所、2016) から引用します。

> ある先輩が中国人が嫌いという理由で、私が作業してる時に、後ろからわざと押したり、ちょっとした間違いで蹴られたり、いろいろ嫌なことをしてきました。教育係に相談しても、「あなたが間違ってるから、蹴られるんやろ！」って言われました。(中略)さらに上の人に相談したら、その場所で仕事するのを辞めさせてくれました。しかし、さらに家から遠い場所に配属されるようになって、それ以外のもう1カ所では、ずっと栄養士の仕事をしていました。私はもう我慢の限界でした。辞めることを教育係に相談したら、「なんでそんなに我慢弱いわけ？ 親はどんな教育してるの？」と言われました。親と関係ないのに、親が悪く言われてるようで、もう本当に嫌でした。

小泉元首相の靖国神社参拝問題や尖閣列島問題をめぐって2004年ごろから中国に対する否定的な報道が続いていますが、とりわけ2012年に日本政府が尖閣諸島を国有化したことをきっかけに中国の各都市でいわゆる「反日デモ」が大規模に行われてから、中国に対する国民感情が冷え切っています (図5参照)。そうした状況のなかでこのハラスメントは起こりました。

なお、「出身国の問題ついて、あたかも責任があるかのように追及する」というのは代表的なレイハラですが (78ページ、Q13参照)、このケースは「出身国」ですらありませんので、人種主義の現れだと容易に解釈できるはずです。

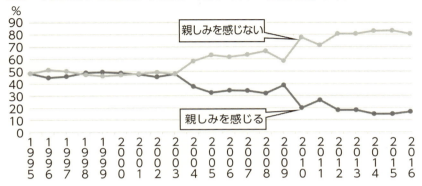

図5 中国に対する親近感（内閣府「外交に関する世論調査」より）

▶ 差別性が司法から認められなかった事例

　二つ目の事例は、元・外国人技能実習生で中国籍男性の柳さん（32）が、仕事中に同僚から燃料を浴びせられ、火を付けられて全身やけどを負ったという凄惨な肉体的暴力です。

　事件についての報道を要約して紹介します（ハフポスト日本版2017年12月7日付）。柳さんは2014年4月に外国人技能実習生として来日しました。当初の職場で「日本語が下手だ」などといじめを受けたため、その職場から逃げ出すように2016年7月に茨城県の建設会社に転職しました。

　翌年5月、朝方の草刈り作業の現場で、前日に工具を片づけなかった同僚について「バカ」とつぶやいたところ、その言葉を聞きとがめた別の同僚と言い争いになりました。その2時間後の休憩時間に、この同僚は地面に座っていた柳さんを蹴りつけ、ヘルメットで頭をたたき、さらに怒鳴りながら距離を詰めるなど感情をエスカレートさせたあげく、草刈り機用の燃料が入った20リットルの缶を持ち上げ、「バカってなんだ」と言いながら、燃料を柳さんに浴びせかけました。さらに、別の燃料携行缶を車から取ってくると、その中のガソリンを柳

さんにかけ、ついに、左手に持っていたライターで火を付けました。火は一気に燃え上がり、柳さんは2カ月も入院する大やけどを負い、甚大な後遺症を負うことになりました。

　この同僚がここまで暴力をエスカレートさせた動機が人種差別だったという確証はありません。つまり、レイハラだったのか、単なる暴行事件だったのかは判然としません。ただし、この同僚は、他の職場の人たちについては「さん付け」で呼ぶのに、柳さんのことだけは「リュウ」と呼び捨てにしていたということです。この異様な事件に差別感情がまったく作用しなかったとは、いささか考えにくいところです。

　なお、この事件は「傷害罪」（暴行により傷害が生じた場合に適用され、15年以下の懲役または50万円以下の罰金）ではなく、より量刑の軽い「暴行罪」（暴行は加えたが傷害が生じなかった場合、2年以下の懲役もしくは30万円以下の罰金など）で起訴され、裁判では執行猶予付きの判決が出ました。同種の事件と比較したとき、検察や裁判官の判断にも不可解なところが残ります。

　米国の犯罪研究では、人種主義の影響で、黒人が白人に対して違法行為を行った場合に比べて、逆の場合ははるかに有罪の認定率が低くなることがあきらかになっています。日本の司法にも同様の不正義が指摘されるべきだと思わざるをえません。

第3部 被害にあった場合の対処

Q22
学校でレイシャルハラスメントを受けたのですが相談できる場所がありません

　2013年ごろから、留学生や在日外国人学生から「授業中に先生が授業内容とまったく関係のない中韓へのヘイトスピーチを延々とするのでしんどい」という相談を受けることが増えました。授業中に女性を侮辱する発言をすることがセクシュアルハラスメントにあたるのと同様、これはレイシャルハラスメントにあたります。

▶ **大学におけるレイシャルハラスメントへの処分が公表された初めての事例**

　そうした事例の一つとして、2014年10月末に、京都精華大学の芸術系学部で学ぶ在日コリアン学生の保護者が大学にあてて送った手紙の一部を紹介します（プライバシー保護のため一部改変しています）。

　　大学側でもご存知の方がいらっしゃると思いますが、昨年〇〇氏はご自身のブログにて、生徒への指導に利用している場にもかかわらず、嫌韓嫌中感情をあらわにした記事を多数掲載されていました。そのなかには「在日韓国人は税金を払っていない」などのデマ・誹謗中傷も含まれ、娘ともども非常に不快感と怒りを覚

えておりました。(その記事の存在は、記事を読んで動揺した娘から知らされました)

外部からの指摘により嫌韓中記事はすべて削除され、いまその記事を読むことはできませんが、対応された広報部のかたはご覧になられ記憶にあることと思います。

娘は大変胸を痛めておりましたが、それでも専任教授の授業を避けて通ることもできず、「画力のある優秀な先生だから」と2回生に進んだ後も○○氏の授業を受けております。

ところが最近聞いたところによると、○○氏の研究室を訪れた際に引きとめられ、「韓国の徴兵制についてどう思うか」「君は女だから軍隊に行かなくてすむからいいね」「(弟が) 徴兵を免除してもらうにはお金がめちゃくちゃかかるよ」「僕は君たちより韓国のことには詳しい」などと、授業にまるで関係のない話をされたそうです。

また、授業ではパーテーションの外まで聞こえる声で「韓国が！ 中国が！」と語気荒く喋るため、さらに娘はおびえております。

娘はもともと過敏性大腸炎気味で、緊張するとひどくお腹をこわします。しばらく小康を得ていたにもかかわらず最近症状が再燃しております。○○氏については「怖い」「辛い」との言葉が聞かれます。

娘にとっては、安心して学習できる環境があきらかに損なわれている状況です。これは、○○氏による、娘に対するハラスメントにあたると私は考えています。

韓国や在日コリアンについての教授の知識は完全なデタラメですが、正誤の問題よりさらに重要なことは、当事者の学生を強制的に

「出身国の問題ついて、あたかも責任があるかのように追及する」(78ページ、Q13)ための場においたということです。

このケースは公式にハラスメント事案として調査が行われ、2016年3月に懲戒処分（譴責）が公表されました。これがおそらく、日本で大学におけるレイハラへの処分が公表された第1例目だと思われます。

しかし、主たる申し立ての対象は授業中の差別的な発言であったにもかかわらず、処分理由として最終的に公表されたのは、「教育の一環としても開設していた私的ブログにおいて、特定の民族に対し配慮を欠くものが含まれており、指導を受ける本学学生の就学意欲及び就学環境を阻害した。こうした行為がハラスメント」にあたるというものでした。

じつは、ハラスメント調査委員会が2015年6月にまとめた報告書原案では「ヘイトスピーチをベースにするレイシャルハラスメントであり、そのために学業に支障をきたした、キャンパスハラスメントと認定する」となっていたそうなのですが、翌月に加害教員側から不服申し立てがあり、再検討された結果として上述のような処分理由となったものです。おそらく、レイハラの処分例がまだ日本に存在しないということで、大学としては訴訟対策のために慎重を期したのだと思われます。

▶ 防止規定やガイドラインが未整備では対処がむずかしい場合がある

このケースから得られる教訓がいくつかあります。第一に、レイハラについては防止規定やガイドラインを十分に整備している組織がまだ少ないため、訴えが適切に受理される保障がないということです。

実際、2013年に関西のある私立大学で教員が授業中にヘイトスピーチを続けた事例では、クレームを受けた教務部が当初はハラスメント

だと認識できず、「教員の授業中の発言を問題化するのはむずかしい」という判断から、一度は門前払いしようとしました。被害を学校当局に訴える際には、当分、信頼できる教員やNPOなどの力を借りたほうがいいかもしれません。

▶ 訴え出ることで事態は前進する

　第二に、それでも公式にハラスメントとして訴えることによって、改善に向けた具体的な手続きがとられることになるということです。

　京都精華大学のケースでも、形式的な処分理由は後退したものの、問題の教員は訴えられた時期から授業中のヘイトスピーチや外国籍の学生に対する嫌がらせを行わなくなりました。また、処分の公表に際して、理事長と学長が連名で「特定の民族に対し配慮を欠く言動により学生の就学環境を著しく阻害するような事案が発生したことは大学として許されない」「今回の事態を重く受け止め、教職員や学生に対してハラスメントに関する啓発活動を行い、ハラスメントに対する理解を深め、全力で防止と対策に対応をおこないます」という趣旨のコメントを発表しています。

　これが空文でない証拠に、京都精華大学は2016年3月に「性別、性的指向、人種、民族、国籍、宗教、年齢、障がいなどに基づく差別やハラスメントは、決して許されるものではありません」と謳いあげた「ダイバーシティ推進宣言」を発し、いくつかの具体的な対応策を発表しました。加害事例に学んで、防止対策を徹底しようという同大学の姿勢はじつに立派だと思います。

　また、先ほど述べた関西の私立大学でも、教員やNPOが介入するかたちでクレームを続けた結果、教務部から何度も問題の教員に指導が入り、結果として職を辞すことになりました。この件は、事件を知った第三者が、被害者と寄り添いながら訴えることの重要性も示唆

しています（次ページ、Q23 も参照）。

> ▶ 事前に防止規定やガイドラインを整備しておくことが重要

　第三に、こうした被害を未然に防ぐためにも、各組織が防止規定を整備したり、処分実績を増やしていく必要があるということです（130ページ、Q24 も参照）。2016 年 6 月に施行されたヘイトスピーチ解消法でも、差別的言動の解消に向けた取り組みを推進するよう定めています。学校、企業など、すべての組織が、法の理念を具体化する努力をしなければなりません。

Q23
被害の相談に乗ってくれる団体はありませんか?

▶ 多民族共生人権教育センター

　継続的に差別語が用いられるような深刻な事例はたいていの人権擁護団体が相談に応じると思われますが、どれくらい深刻なのか自分ではわからないということであれば、現時点（2017 年 12 月現在）では、大阪の NPO 法人「多民族共生人権教育センター」（略称 MEHREC メーレック）ほどレイシャルハラスメントについて情報を蓄積している団体はほかにありません（Q7、13、14、17 も参照のこと）。ウェブページの URL は http://www.taminzoku.com です。

　日本ではまだレイシャルハラスメントという言葉自体が一般的ではなく、一般向けの解説書はおろか、専門的な論文もほとんど存在しません（板垣竜太、2017「企業におけるレイシャル・ハラスメントに関する意見書」『評論・社会科学』122 号のみです）。そういう状況にあって、本書が刊行されるまで日本で唯一の啓発用パンフレットだった『な

くそう！　職場のレイシャルハラスメント』（2017）を発行していたのが多民族共生人権教育センターです。

　事務局長の文公輝(ムンゴンフィ)氏は一般向けにレイハラについての講演も行っていますし、上述した板垣氏の論文も、多民族共生人権教育センターが支援しているヘイトハラスメント裁判（61ページの裁判）のために執筆された意見書です。まずは連絡をとって、パンフレットを取り寄せてみることをおすすめします。ウェブページから、「お問い合わせ」を送信してみるのもいいでしょう。

▶ たんぽぽ総合法律事務所

　深刻な事例について訴訟が念頭にあるようなら、大阪の「たんぽぽ総合法律事務所」代表である丹羽雅雄弁護士が大きな力になるでしょう。企業による人種差別やレイシャルハラスメントをとりあげた人権ブックレット『企業と在日外国人の人権──多民族・多文化共生社会をめざして』（大阪企業人権協議会 2005）の著者で、法律分野でレイシャルハラスメントという概念を日本でもっとも早い時期から用いた方でもあります。法理論的な観点から問題提起を重ねてきただけでなく、法律実務的にも差別や人権に関わる数多くの重要な訴訟に関わってきた実績があり、この分野ではもっとも著名で信頼を得ている弁護士の一人だといえます。ウェブページは http://tanpopo-law.com です。

　いまのところ確信をもっておすすめできる相談先は以上ですが、今後の取り組みを考えるうえで重要な活動をひとつ紹介しておきます。

▶ 立命館大学「キャンパスヘイトスピーチ相談窓口」

　2013年に立命館大学で起こったレイハラ事件を契機に結成された「立命館大学ヘイトスピーチ事件の解決を求める会」が、同大学の構成員を対象に「キャンパスヘイトスピーチ相談窓口」を開設し、レイ

ハラへの支援活動を行っています。この活動の経緯について、毎日新聞が次のように報じています(2014年9月20日付)。

> 立命館大(京都市)の講師や学生らでつくる「ヘイトスピーチ事件の解決を求める会」が民族や出自を理由に差別を受けた人の相談窓口を20日に設置する。講義の場などでマイノリティーに侮辱的な発言をすることを「キャンパス内のヘイトスピーチ」と捉え、大学側や加害者に問題の深刻さを認識してもらい、再発防止につなげる狙いがある。
>
> 立命館大では今年1月、受講生が、在日コリアンの講師から朝鮮学校無償化への署名を強要されたとの趣旨の内容をツイッターに投稿。虚偽だったにもかかわらず、講師がネット上で差別や中傷を受ける問題が起きた。
>
> 会には、この後、人権教育を担当する教員から「自分の講義も攻撃対象になるのではないか」という不安が寄せられ、在日コリアンの学生や留学生から「国に帰れと言われた」という被害申告も増えた。日本人教員が雑談のなかで北朝鮮や中国をからかう発言をし、留学生が精神的ショックを受けるケースもある。
>
> 会は民族や人種の差別が研究の場からのマイノリティー排除につながると懸念する。メンバーで講師の橋口昌治さん(労働社会学)は「相談窓口によって今まで受けていた被害を顕在化できる。加害者も交え、ヘイトスピーチの問題として話し合いたい」としている。

この記事では会が結成される経緯について簡単に紹介されていますが、立場の弱い任期制の嘱託講師が、ネットで膨大な差別コメントにさらされ、メディアや保守系政治家によってデマを拡散され、大学当

局から不当に指導を受けるという、何重ものレイハラが絡み合った凄惨な事件でした。同大学の学生、院生、卒業生、非常勤講師たちが中心になって大学当局に公開質問状を出したのですが、その母体となったのが上述の「立命館大学ヘイトスピーチ事件の解決を求める会」です。

▶ レイシャルハラスメントに立ち向かうときの支援モデル

しかし、この事件において指摘すべきことは被害の重大さだけではありません。①不正義に対して異論が立ち上がり、被害者を支援しようという機運が後続の被害を絶つための相談窓口にまで昇華したということ、②同会が事件を風化させないよう、非正規労働者の組合と協力するなどさまざまな交渉チャンネルを駆使して、同大学のハラスメントガイドラインにレイハラを掲載させた（次ページ、Q24参照）ということが特筆されるべきでしょう。

これらは、「レイハラにどう立ち向かうか」という問いに対する有力な回答を与えてくれます。ハラスメントへの対処を当事者まかせにせず、事態を知った人々で協同しながら支えていくという構図は、レイハラの公的な防止対策が進んでいない現状において、たいへん貴重な運動モデルになったといえます。

「キャンパスヘイトスピーチ相談窓口」は、学内の被害に対する相談活動を行っているだけでなく、ウェブページ（http://hatesoudan.strikingly.com）でレイハラを防止する規定やガイドラインのモデルを配布しています。今後は、それを引き継いで、各組織がレイハラについて防止対策を進めていかなければなりません。

Q24
レイシャルハラスメントを防止する規定を作成する場合のポイントは?

　ポイントは三つあります。①就業規則、服務規定、懲戒規定にレイハラの禁止を明記し、違反した場合の懲戒内容を定めること、②ガイドラインにレイハラの事例を明記すること、③組織員への研修項目にレイハラを含めること、です。順に説明していきます。

▶ 就業規則、服務規定、懲戒規定

　まだ多くの組織がハラスメントについて不十分なかたちでしか規則を定めていません。そのような組織の場合、ひどいレイハラの事案を懲戒処分の対象にしようとしても、明文化された根拠がないため身動きがとれないということになりかねませんし、かりに何らかの規定を援用して処分をしたとしても、加害者から裁判で処分の取り消しを訴えられた場合、組織を守ることは容易ではありません。したがって、あらかじめ、ハラスメントについて包括的に禁止する規則を定め、処分の細則を定めておくことが重要です。

　規定を整備する際には、ハラスメントの定義として「人種、皮膚の色、宗教、性別（妊娠を含む）、性的指向、民族的出自、国籍、年齢、障害、遺伝情報に基づく、望まれない言動」のように具体的な保護特性を定めることも重要ですが、「差別あるいは偏見に基づくハラスメント等すべてのハラスメント」（同志社大学）のような概念的規定を含めておくことを強くお勧めします。このような概念的規定があれば、

「差別法理」(15ページ、Q1参照) に基づいてハラスメントに対処することが可能となるからです。

▶ ガイドライン

就業規則などと並んでハラスメントの防止に大きな効果があるのが、禁止される具体的な事例を記載したガイドラインです。セクシュアルハラスメントについても、法の不備をガイドラインが補ってきたという歴史があります。

たとえば、立命館大学の『ハラスメント防止のためのガイドライン』には「レイシャル・ハラスメントについて」という項目が記載されています。規制されるべきハラスメントの一つとして、公式にレイハラをガイドラインに明記した大学組織はまだ多くはありませんので、非常に先進的な取り組みだといえます。正確にいえば、「人種的偏見による嫌がらせ (「人種」や「祖国」への誹謗・中傷)」(東京理科大学) のようなかたちでレイハラについてごく簡単に言及してある大学はありますが、ハラスメントガイドラインというものは、以下のように具体例をあげながら禁止事項を詳しく定めることによって効力を発揮します。

(3) レイシャル・ハラスメントについて

レイシャル・ハラスメントとは、人種、国籍や民族の違いに基づき行われる不当な差別的言動のことをいいます。

立命館憲章の理念である「人類の未来を切り拓くために、学問研究の自由に基づく普遍的な価値の創造と人類的諸課題の解明に邁進する」ためには、立命館大学のすべての構成員が互いに尊重しあい、人種や国籍などの違いを超えて基本的人権を認め合うことが重要です。(立命館大学ガイドライン「Ⅱ ハラスメントとは」より)

● レイシャル・ハラスメントとなりうる言動例
 ＊特定の国、人種、民族の外国人に対する偏見や、ハーフであることを理由に嫌がらせや不当な扱いを行うこと
 ＊教員が授業中、授業のテーマとは関係なく特定の国、人種、民族に対する不当な差別的言動を行うこと
 ＊留学生の文化的背景を無視して、日本人と同じ基準で振舞うよう強要すること
 ＊特定の国、人種、民族をからかうジョークを日常的に話すこと
 ＊授業、課外活動、職場でのいじめに人種的な侮蔑を用いること
 （立命館大学ガイドライン「Ⅶ ハラスメントとなりうる言動例」より）

　このガイドラインの記述では、本書で紹介してきた事例のすべてをカバーすることまではできませんが、それでも大学で報告されてきたレイハラの相当部分がここに含まれますので、抑止効果はかなり高いと思われます。
　立命館大学のハラスメント防止ガイドラインにレイハラの記述が整備されたのは、前述したハラスメント事件（127ページ参照）への抗議活動が功を奏したものと思われますが、加害事例から前向きに教訓を学んだ同大学の姿勢は、抗議活動を続けた人々と同様に賞賛されるべきでしょう。

▶研修項目にレイシャルハラスメントを含めること

　レイハラの被害を訴えても、ハラスメントだと認識してもらえないという声をよく聞きます。レイシャルハラスメントという概念が普及している米国でも、それでしばしば訴訟が提起されているぐらいですので、まだレイシャルハラスメントという概念が知られていない日本においてはなおのこと一般的な事象です。しかし、ハラスメントだと

いう訴えを調査もせずに否定するのは、それ自体がハラスメントの二次加害にあたります（Q5、7、10、13、20なども参照のこと）。

　こうしたトラブルを防止するには、あらかじめレイハラとはどういうものであるかについて研修を行っておくことが肝要です。セクシュアルハラスメントについても、防止規定が整備されはじめた当初はハラスメントの訴えを否定する二次加害が広くみられましたが、ガイドラインが整備され、研修が一般化してからはそういうことも少なくなりました。レイハラについても同じことで、研修によってレイハラを見抜く目を養うことによってかなりの部分を防止することができるようになります。とりわけ、訴えを受け付ける相談窓口になる組織員に対しては、継続的な研修が不可欠だと思われます。

文献

Antidiskriminierungsstelle des Bundes, 2015, Strategien gegen rassistisches Mobbing und Diskriminierung im Betrieb: Handreichung f hür Betriebsträte und Gewerkschaften"
http://www.antidiskriminierungsstelle.de/SharedDocs/Downloads/DE/publikationen/Handreichung-Betriebsraete/Handreichung-Betriebsraete.pdf?__blob=publicationFile

弁護士ヘルプ（2013年6月6日）「ハラスメントの種類26」
http://bengoshihelp.com/harassments/

Betty、2016「『日本で働く』ということ」『差別禁止法制定を求める当事者の声④　外国人問題のいま』部落解放・人権研究所

Carrie Hemmings and Amanda M. Evans, 2018, "Identifying and Treating Race-Based Trauma in Counseling," *Journal of Multicultural Counseling and Development*, 46 (1).

Catherine A. McKinnon, 1979, *Sexual Harassment of Working Women*, Yale University.（= 1999年、村山淳彦監訳『セクシャル・ハラスメント・オブ・ワーキング・ウィメン』こうち書房）

Derald Wing Sue, Jennifer Bucceri, Annie I. Lin, Kevin L. Nadal, and Gina C. Torino, 2007, "Racial Microaggressions and the Asian American Experience," *Cultural Diversity and Ethnic Minority Psychology* 13 (1).

北海道大学アイヌ・先住民研究センター、2009、『北海道アイヌ民族生活実態調査報告書—現代アイヌの生活の歩みと意識の変容』

板垣竜太、2016「日本のレイシズムとヘイトスピーチ」LAZAK編『ヘイトスピーチはどこまで規制できるか』影書房

―――、2017「企業におけるレイシャル・ハラスメントに関する意見書」『評論・社会科学』122号

こふす（2015年1月26日）「あなたは幾つ知ってる？　全30種類の〇〇ハラスメント一覧」
http://degitekunote.com/blog/2015/01/26/harasumento/

丹羽雅雄、2005『企業と在日外国人の人権―多民族・多文化共生社会をめざして』大阪企業人権協議会

岡和田晃&マーク・ウィンチェスター編、2015『アイヌ民族否定論に抗する』河出書房新社

積水ハウス在日社員（民族差別発言）裁判
http://koreanshr.jp/sekisui/

多民族共生人権教育センター編集、2016『なくそう！　職場のレイシャルハラスメント』多民族共生人権教育センター発行

US Equal Employment Opportunity Comission, 2012, "Kauai County in Jawaii Settles EEOC Race Harassment Case for $120,000"
https://www.eeoc.gov/eeoc/newsroom/release/9-6-12.cfm

―――, 2006, "Section15: Race & color discrimination," *EEOC Compliance Manual*
https://www.eeoc.gov/policy/docs/race-color.html

―――, 2009, "Jack in the box settles EEOC racial harassment lawsuit: White employee harassed, federal agency charged"
https://www.eeoc.gov/eeoc/newsroom/release/5-18-09.cfm

立命館大学ハラスメント防止委員会「立命館大学ハラスメント防止のためのガイドライン」
http://www.ritsumei.ac.jp/mng/gl/jinji/harass/guideline.html

Vivian Hunt, Dennis Layton and Sara Prince, 2015, *Diversity Matters*, Mckinsey&Company.
https://www.mckinsey.com/~/media/mckinsey/business%20functions/organization/our%20insights/why%20diversity%20matters/diversity%20matters.ashx

渡辺一樹「元外国人実習生が火だるまに… 異常な事件の中で起きた、さらに『あり得ない』事態」『ハフポスト日本版』2017年12月7日
http://www.huffingtonpost.jp/2017/12/07/weird-weird_a_23299834/

─────「『笑ってはいけない』浜田の黒塗りメイクが物議 黒人作家が語った不安」『ハフポスト日本版』2018年1月3日
http://www.huffingtonpost.jp/2018/01/02/history-of-blackface_a_23321243/

あとがき

　本文中には記載する余裕がありませんでしたが、「レイシャル」という言葉について説明を補っておきたいと思います。

　90年代初頭、まだ私が大学院生のころです。セクシュアルハラスメントについての理解が日本に普及するのをみて、エスニックハラスメントという言葉と考え方を日本に輸入したいと考えたことがあります。なんとかはやらせることはできないものかと身近な場面でたびたび使ってはみましたが、当時の私には力量が不足していたようで、なんら影響力を行使できないまま早々に挫折してしまいました。

　その後に知ったことですが、アルコールハラスメント、パワーハラスメントなど啓発に成功した造語は、いずれもその名の書籍を出版したことで普及に弾みがついています。書籍を出版したからといってかならずしも成功するというわけではないとは思いますが、若かりし日の失敗を繰り返すことなく、先達にあやかりたいということで、本書を執筆することにしました。造語ですら啓発に成功した事例があることを思えば、世界的に使用例の多いレイシャル／エスニックハラスメントを普及させる障害はきっともっと少ないことでしょう。

　さて、エスニックハラスメントとレイシャルハラスメントは、実質的には同じ概念です。前者は言語の違う集団などで起こる文化的な差異に基づくハラスメント、後者は白人と黒人など肉体的に差異のある集団間で起こるハラスメントを指し示すときに用いられることが多いものの、それぞれ入れ替えて使用してある文献も少なくはありません。また、そもそもQ3（25ページ）で解説したように米国ではレイ

シャルという言葉がエスニックという意味内容をとりこんでしまったため、レイシャルハラスメントといえばエスニックハラスメントを包摂するようになっています。

ソシオロジカル・アブストラクトという論文データベースを検索しても、本書執筆時点（2017年12月）で"ethnic harassment"の検索結果が43ケースしかなく使用例が年々減ってきているのに対して、"racial harassment"は230ケースであり、使用例はむしろ増えています。やはりハラスメントという概念については米国の用語法による影響が大きいということでしょう。

日本語でも、エスニックハラスメントの使用例はほとんどないのに対して、レイシャルハラスメントはすでに小学館の国語辞書『大辞泉』に掲載されています。何年版から記載されているのかは調査していませんが、どうやらエスニックハラスメントよりもレイシャルハラスメントのほうが定着しそうだということで、本書のタイトルを『レイシャルハラスメントQ&A』としました。

とはいえ、「レイシャル」という言葉の使用には細心の注意が必要です。なにせ、人種raceという人口区分には自然科学的な根拠が存在しないのです（Q3参照）。そうした知識が一般化してもう長いにもかかわらず、人の優劣を人種のせいにする人種主義だけはいまだに撲滅することができていません。それどころか、世界各地で排外主義現象が活性化している様子をみると、人種主義は姿かたちを変えながらむしろ強化しつつあるようにもみえます。

高史明『レイシズムを解剖する』（勁草書房、2015年）によると、異民族を見下す「古いレイシズム」にくわえて、差別はなくなっているのに行政に不当に甘えているとみなす「新しいレイシズム」が日本でも登場しているということです。そうした状況から考えると、人種raceという言葉そのものを使わないほうがよいという主張にも傾聴

すべきところが多いように思われます。

　それでも、あえて本書がエスニックでなくレイシャルという言葉を採用した理由が三つあります。一つは、上述したとおり使用例が多いということです。二つ目の理由は、実際に日本でもさまざまな人種・民族的なグループに所属している人がハラスメントにあっているにもかかわらず、在日コリアン以外の場合は被害を訴える手段が少ないせいか、どうしても後景に退きがちだからです。とりわけ、いわゆる白人の被害はなかなかみえにくい（97ページ、Q17参照）。被害にあっているのが民族集団だけではないということを明示するためにも、レイシャルという言葉がより有用だと考えました。

　三つ目の理由として、本書で扱っているテーマが人類的な普遍性をもった問題だと示唆したかったということがあります。肉体的な特徴はもちろん、祖先、出身地、民族的出自、民族文化、宗教的信条、国籍など多様な要素がハラスメントの際に動員される。そして、そうしたハラスメントは世界中で生じている普遍的な問題であり、日本も当然のことながら例外ではない──そういう事実認識を普及しなければ、「在日コリアンだけが特別にターゲットになっているということは、きっと在日コリアンの側に問題があるのだろう」というリアクションがかならずといっていいほど生じるためです。

　内閣府が2017年10月に実施した「人権擁護に関する世論調査」によると、ヘイトスピーチをともなうデモ、集会、街宣活動等を「知っている」と答えた者（1009人）に、そのようなデモ等を見聞きしてどのように思ったか聞いたところ、「不愉快で許せないと思った」をあげた者の割合が45.5％と高い一方で、「ヘイトスピーチをされる側に問題があると思った」という回答も10.6％に上っています。約1割といえば少ないではないかと思われるかもしれませんが、外国籍住民のおよそ5倍の人口が犠牲者非難（51ページ参照）に賛同しているとい

うことですので、けっして無視することのできない高率だと考えるべきでしょう。そして、こうした犠牲者非難を引き起こさないようにするには、特定の被害者（グループ）だけが被害にあっているわけではないことを示す必要があったというわけです。

　以上の三つの理由から、すでに日本語として意味内容が固定しているエスニックよりも、耳新しいレイシャルという言葉を用いながら、その指示範囲の広さと普遍性を説明するのが適切だろうと判断したわけです。

　したがって、レイシャルという言葉の概念的な普遍性を示すために、本書ではそれが本質的に人種を指すと狭義に解釈されることのないよう気を遣ったつもりです。しかし、その試みがどこまで成功したかは心もとないところでもあります。とくに、入門書としての位置づけから、やむをえず「白人」や「黒人」といった伝統的な人種を指し示す言葉を多用している点については、それでよかったのかどうかいまでも悩んでいます。

　本書を参考にレイシャルハラスメントという言葉を用いる方々には、Q3とこのあとがきをお読みのうえ、レイシャルという言葉の多義性をつねに念頭におきながら、人種主義の再生産に手を貸すことのないように配慮を期待します。

　さて、本書を執筆するにあたって、多民族共生人権教育センターの文公輝事務局長には準備段階からさまざまな力添えをいただきました。文公輝氏との連携がなければ本書が誕生することはなかったでしょう。心からの感謝を申し上げます。

　古い友人である金尚均氏（龍谷大学法学研究科教授）からは、法律学的な観点から貴重なコメントをいただきました。本書は社会学的な視座を重視するという方針もあって、氏のコメントすべてを十分にとりいれることはできませんでしたが、法律学の門外漢である著者に

とっていくつもの重要な指摘がありました。もちろん、最終的な文責が著者にあることはいうまでもなく、もし法律解釈に誤りがあるとすれば著者の責任です。

　稲垣克彦氏（旭川医科大学医学部一般教養准教授）からは、北海道でのハラスメントの事例について文献を紹介していただいたうえ、非常に古典的な人種差別が現在でも継続している状況について示唆を賜りました。

　解放出版社編集部の尾上年秀さんには、筆者の講演を一度聞いただけでレイシャルハラスメントという（日本ではまだ）耳慣れない新しい言葉の重要性をみいだしていただきました。もし本書に（学者が書いたものにしては）読みやすいところがあるとすれば、できるだけ多くの読者に届けられるようにと文章構成上のさまざまな助言をしてくださった尾上氏のおかげです。

　本書を通じて、直接、間接的に、一人でも多くの被害を未然に防ぐことができるよう、著者として切に願っています。

　　　2018年3月　　　　　　　　　　　　　　　　　　　　金　明　秀

金 明 秀（キム ミョンス）
関西学院大学教授。博士（人間科学）。
統計データを通じて社会階層論と社会意識論に関する諸問題について取り組む。在日コリアンについてのウェブサイト「ハン・ワールド」を主宰。
著書に『在日韓国人青年の生活と意識』（東京大学出版会、1997年）など。
1968年、福岡県生まれ。大阪大学大学院人間科学研究科単位取得退学。

レイシャルハラスメントQ&A
── 職場、学校での人種・民族的嫌がらせを防止する

2018年5月25日　第1版　第1刷発行

著者　金 明 秀 ©
発行　株式会社　解放出版社
　　　〒552-0001　大阪市港区波除 4-1-37　HRCビル 3F
　　　TEL 06-6581-8542　FAX 06-6581-8552
　　　東京事務所
　　　〒113-0033　東京都文京区本郷 1-28-36　鳳明ビル 102A
　　　TEL 03-5213-4771　FAX 03-5213-4777
　　　振替 00900-4-75417　ホームページ　http://kaihou-s.com
本文レイアウト　伊原秀夫
装幀　森本良成
印刷・製本　モリモト印刷株式会社

ISBN 978-4-7592-6227-8　C0036　NDC 360　141P　21cm
定価はカバーに表示しております。落丁・乱丁はおとりかえします。

障害などの理由で印刷媒体による本書のご利用が困難な方へ

本書の内容を、点訳データ、音読データ、拡大写本データなどに複製することを認めます。ただし、営利を目的とする場合はこのかぎりではありません。

また、本書をご購入いただいた方のうち、障害などのために本書を読めない方に、テキストデータを提供いたします。

ご希望の方は、下記のテキストデータ引換券（コピー不可）を同封し、住所、氏名、メールアドレス、電話番号をご記入のうえ、下記までお申し込みください。メールの添付ファイルでテキストデータを送ります。

なお、データはテキストのみで、写真などは含まれません。

第三者への貸与、配信、ネット上での公開などは著作権法で禁止されていますのでご留意をお願いいたします。

あて先：552-0001 大阪市港区波除 4-1-37 HRCビル 3F 解放出版社
『レイシャルハラスメントQ&A』テキストデータ係

テキストデータ引換券
『レイシャルハラスメントQ&A』
6227